KB188000

창저너머

초판 1쇄 인쇄일 2017년 3월 27일
초판 1쇄 발행일 2017년 4월 1일

지은이 | 서범석
펴낸이 | 김양수
편 집 | 이동준   디자인 | 박정영
펴낸곳 | 도서출판 맑은샘
주소 경기도 고양시 일산서구 중앙로 1456 604호(주엽동 18-2)
대표전화 031.906.5006 팩스 031.906.5079
이메일 okbook1234@naver.com   홈페이지 www.booksam.co.kr

ISBN 979-11-5778-201-7 (03230)
가격 : 12,000원

「이 도서의 국립중앙도서관 출판시도서목록(CIP)은 서지정보유통지원
시스템 홈페이지(http://seoji.nl.go.kr)와 국가자료공동목록시스템
(http://www.nl.go.kr/kolisnet)에서 이용하실 수 있습니다.
(CIP 제어번호: CIP2017007723)」

창저 너머

笑天 서범석 지음

맑은샘

성지순례(聖地巡禮)

당신을 음성으로 듣는
내 마음이 법궤요
당신께 드린 내 마음이
진설병입니다.

콧숨으로 들어온 들숨을 통해
당신의 심장으로 들어가 내뱉어진 생명을 마시니
성령을 마시며 아침이 되어갑니다.

몸으로 걷는 길이야 엠마오지만
마음으로 걷는 이 길은 비아돌로로사(Via Dolorosa)
당신을 길로 걷습니다.

몸은 가지 않고
눈은 보지 못해도
이곳을 성지(聖地)로 밟고 살아갑니다.

오늘이 성일(聖日)이요
여기가 성막(聖幕)입니다.
당신의 시간과 땅을 살아갑니다.

笑天 徐範錫

Contents

1장 하나님 듣기

2장 나를 빚으소서

3장 아버지

1장 하나님 듣기

주께 깨어 부르짖으십시오.

부르짖는 심령은 강건해집니다.

당신 안에 열망을 감추어두지 마십시오.

당신의 열망을 기도로 불태우십시오.

그 열망이 믿음을 만들어내고,

믿음이 당신에게 승리하는 삶을 줄 것입니다.

하나님을 '믿으십시오.'

주께서 당신과 함께 하십니다.

|하나님의 아픔|

　부모는 자식의 아픔에 대해서 자식보다 더 아파하고, 자식의 슬픔에 대해서 자식보다 더욱 슬퍼합니다. 그러나 자식은 부모님이 자기 때문에 아파하고 슬퍼하는 것을 느끼지 못합니다. 어렸을 때를 생각해보십시오. 내 엄마나 아빠가 자식인 나 때문에 아파하는 것을 본 적이 있습니까? 아마 많이 보지 못하였거나, 아예 느끼지 못하였을 것입니다. 그렇다면 그분들은 아파하지 않았을까요? 그렇지 않습니다. 우리는 엄마 아빠가 너무나 큰 존재라고 여겨서인지는 모르지만, 그분들은 아파하지 않을 것이라고 생각했던 것입니다.

　제가 병들어 있을 때 분명 제 어머니는 자식인 저 때문에 아파하셨고, 제가 친구에게 맞고 올 때 그분은 아파하셨습니다. 저보다 더욱 아파하셨습니다. 이것이 사실이라는 것을 지금 저는 제 자식을 통하여 그것을 느끼고 있습니다. 그러나 어렸을 때 저는 부모의 아픔과 슬픔을 몰랐습니다. 지금 제 자식도 부모인 저의 아픔과 슬픔을 모를 것입니다.

그렇게 전능하신 하나님도 아파하시고 슬퍼할까요? 이 하나님의 아픔을 가장 잘 보여주는 곳이 있습니다. 예수님께서 십자가에서 죽으실 때, 성소의 휘장이 찢어졌습니다. 물론 신학적으로 그것을 다르게 설명할 수 있겠지만, 저는 그 찢어진 휘장이 하나님의 마음이라는 느낌이 듭니다. 아들이 죽는 자리에서 아버지이신 하나님은 얼마나 아팠겠습니까? 그래서 그분은 마음이 찢어진 것입니다. 성경 어디를 봐도 이처럼 처절하게 아픈 하나님의 마음을 표현한 곳을 찾을 수가 없습니다.

자식이 부모의 아픔과 슬픔을 이해하게 될 때가 온다면, 그때부터 더 이상 부모를 아프게 하지 않을 것입니다. 그것을 깨닫기 전까지는 반복해서 부모님의 마음을 아프게 합니다. 성숙은 부모님의 아픈 마음을 읽어낼 때 찾아오는 열매입니다. 그때 우리는 부모님을 더욱 성숙하게 만날 수 있습니다. 부모님의 눈물을 보고 나면 자식은 잘못된 길로 가지 않습니다. 부모님의 아픔과 슬픔을 아는 자식은 방탕하지 않습니다.

저는 하나님의 자녀가 된 이후에도 여전히 죄를 지었습니다. 너무나 쉽게 유혹에 빠지고, 분노하고, 마음을 지키지 못하였습니다.

이것은 하나님의 아픔을 몰랐기 때문입니다. 제가 분노한다면, 하나님께서 제게 진노할 것이라고만 생각했습니다. 하나님께서 아파하실 것이라고는 전혀 생각지 못하였습니다. 그래서 분노를 이기는 것이 힘들었던 것 같습니다. 이제 조금씩 하나님의 아픔을 느끼고 있습니다. 제가 분노할 때에 하나님이 아파하시고, 제가 유혹에 빠질 때 하나님의 마음이 찢어질 만큼 아파하신다는 것을 느끼고 있습니다. 지금은 하나님 아버지의 마음을 조금씩 알아가면서 아버지의 집으로 돌아가고 있습니다.

"아버지 하나님! 아들인 제가 유혹에 빠지고 악한 마음을 품을 때, 하나님께서 느끼시는 그 아픔을 더욱 느끼게 하십시오. 결코 다른 길로 갈 수 없을 만큼 크게 느끼게 하십시오. 그 아픔을 아는 만큼 저는 주님 안에서 하나님의 아들로 성숙해 갈 것입니다."

|하나님 듣기|

　성경에 대한 지식이 없는 할머니보다 성경에 대한 많은 지식을 가진 신학자가 더욱 믿음이 크다고 할 수 있을까요? 단순히 성경의 지식이 우리에게 믿음을 더하지는 않습니다. 믿음이 있고, 그 믿음 위에 받는 지식은 믿음을 더욱 풍성하게 합니다. 믿음이 없다면 그 지식을 교만하게 할 뿐입니다.

　'할머니들은 십자가와 부활의 신학을 알지 못하는데 그분들은 무엇으로 구원을 받을 수 있는가?' 하는 물음은 제가 초창기 시골 목회를 하면서 고민하였던 문제였습니다. 많은 시간이 지난 후에 깨달은 것은, 그분들은 목회자의 말을 그냥 그대로 받아들인다는 것입니다. "할머니, 예수님께서 할머니 대신 십자가에서 죽으셔서, 할머니의 모든 죄를 용서하셨습니다" 라고 말씀드리면 그분들은 그냥 "아멘!" 합니다. 그리고 그런 줄로 받아들입니다. 고민도 없고,

자신의 생각도 별로 없습니다. 이것이 어린아이의 믿음이라는 생각
이 듭니다.

내 생각으로 받지 않고, '전적 동의' 즉 자신의 생각을 섞지 않고
그대로 받아들이는 것이 믿음입니다. 여기에는 해석이 없습니다.
참 하나님의 말씀은 해석해서 받는 것이 아닙니다. "빛이 있으라 하
니 빛이 있었고..." 그냥 "빛이 있으라" 하는 말씀이 그대로 '빛이 있
음'으로 받아들여지는 것입니다.

어렸을 때 부흥집회에 가면 부흥사 목사님들은 이렇게 말씀을 전
하였습니다. "성령을 받으라." "불 받으라." 그리고 성도들은 그때
그 말을 말로 받아들인 것이 아니라, 성령과 불로 받아들였습니다.
그때는 말로 받는 것이 아니라, 실재를 받은 것입니다.

"믿음은 들음에서 나며, 들음은 그리스도의 말씀으로 말미암았느
니라(롬10:17)." 그렇습니다. 믿음은 어떤 소리가 '하나님의 소리'
로 들릴 때 발생합니다. 학습되어서 오는 것이 아닙니다. 아무리 많
은 정보와 지식을 가지더라도, 그것이 '하나님의 소리'로 들리지 않
으면 하나님을 향한 어떤 믿음도 만들어내지 못합니다.

말씀을 지성으로만 받으면 유전자 변형된 식물을 먹는 것과 같습
니다. 본래 씨가 주고자 하는 것이 아니라, 자기가 갖고자 하는 것
을 갖는 것이 되기 때문입니다. 말씀을 받을 때에는 지성과 감성과
의지가 모두 받아들여야 합니다.

그렇다면 성경에 대한 지식은 필요치 않는가? 그렇지 않습니다. 지식을 통하여 감정과 의지는 더욱 풍성하여 집니다. 물론 감정을 통하여서 지식과 의지가 풍성하여지기도 하고, 의지를 통하여서 지식과 감정이 풍성하여지기도 합니다.

하나님의 말씀을 '하나님의 말씀'으로 듣도록 하십시오. 그냥 물을 삼키고, 음식물을 섭취하는 것처럼 그대로 받아들이고, 그 말씀하신 것을 누리도록 하십시오. 생각으로만 받지 마시고, 감정과 의지로도 받으십시오. 내 생각을 섞어 변형시켜서 받지 마시고, 온전히 그분의 생각만으로 받으십시오. 그때 그분(하나님)의 말씀이 가져다주는 세상을 만나게 됩니다.

예수님께서 어린아이의 믿음이 있어야 천국에 들어간다고 하셨습니다. 주님의 말씀이 '아멘(예)'이 되고, 나의 생각이 '아니오'가 될 때, 주님의 나라가 이루어집니다.

"주님! 제 모든 생각, 감정, 의지가 주님의 말씀을 그대로 받아들이도록 하십시오. 제 것을 섞지 않게 하십시오. 철저하게 저를 부인하고, 오직 주님을 시인하게 하십시오. 주님은 '아멘'이십니다."

|아직도 남아 있는 패|

삶의 여유는 많은 가능성을 열어 놓을 때 옵니다. 취업 인터뷰를 하더라도 이번 밖에 기회가 없다고 생각하면 긴장하고 여유를 잃게 됩니다. 오늘밖에 없다고 생각하면 여유가 없지만, 내일도 있다고 생각하면 여유를 잃지 않습니다. 이 길밖에 없다고 생각하면 초조하지만, 다른 길도 있다고 여긴다면 그 길이 막혀도 당황하지 않습니다.

우리나라의 학부모는 인생 성공의 한 가지 패만 가지고 있습니다. 좋은 대학에 들어가는 길 외에는 인생의 성공이 없는 것처럼 여기는 사람들이 많습니다. 학생들도 그렇게만 배워왔기 때문에 그 길이 막히면 인생 전부를 포기해버리는 경우가 종종 있습니다.

현대인들은 행복을 위한 한 가지 패만 가지고 있습니다. 그것은 돈입니다. 돈을 가지면 모든 행복을 가진 것이고, 돈이 없으면 인생의 어떤 행복도 없다고 생각하고 있는 것처럼 살아갑니다.

그러니 이 패를 붙들기 위해서는 사랑도 인격도 부모도 쉽게 버립니다. 이 패를 잡지 못하면 인생 전부가 끝난다고 생각하기 때문에 이것을 위해서는 무엇이든 버릴 수 있다고 생각합니다. 또한 이 돈이라는 패만 잡으면 마치 모든 것을 이룬 것처럼 교만해집니다. 자신이 마치 하나님인양 착각하고, 자신의 인격이 거룩한 양 착각합니다.

하나님은 우리 인생의 많은 패를 가지고 계십니다. 많은 돈을 가져도 건강이라는 패를 사용하시면 사람들은 그냥 무너집니다. 돈과 건강을 가져도 자녀라는 패를 사용해서 사람을 겸손케 하시기도 합니다. 간혹 이런 말을 들어본 적이 있을 것입니다. "세상의 모든 것이 나의 뜻대로 된다고 하더라도 자식은 내 뜻대로 되지 않는다." 뿐만 아니라 하나님께서 가지고 계신 패는 헤아릴 수 없이 많습니다. 그러니 우리는 영원히 하나님 앞에서 교만할 수 없고, 이루었다고 자랑할 수가 없습니다. 또는 다 잃었다고 절망할 필요도 없고, 인생 끝났다고 좌절할 필요도 없습니다.

하나님께서는 나를 향한 많은 패를 가지고 있습니다. 모든 길이 막혀도 좌절해서는 안됩니다. 여전히 하나님 손에는 나에게 베푸실 은혜의 패를 가지고 계십니다. 또한 우리가 무엇을 이루었다고 교만해서도 안됩니다. 하나님께서는 언제든지 우리의 인생을 바꾸실

패를 가지고 계십니다. 환난 날에는 하나님 안에 있는 소망을 붙들고, 승리의 날에는 하나님께서 이루셨으니 하나님께 감사합니다.

> 형통한 날에는 기뻐하고
> 곤고한 날에는 되돌아 보아라
> 이 두 가지를 하나님이 병행하게 하사
> 사람이 그의 장래 일을
> 능히 헤아려 알지 못하게 하셨느니라
> (전7:14)

|나만의 세상|

  하늘에는 달이 하나 밖에 없으나, 땅에서는 내 마음에도, 내 아이
들의 마음에도, 달을 바라보는 모든 사람의 마음에도 달이 있습니
다. 강단에 있는 꽃다발은 하나인데, 그 꽃을 바라보는 모든 사람의
마음에도 각자에게 한 다발의 꽃다발이 있습니다.

  세상도 그렇습니다. 눈에 보이는 세상은 하나인 것 같으나, 실제
로는 여럿입니다.

  하나님께서는 각자 한 사람 한 사람에게 하나의 세상을 주셨습니
다. 우리는 하나밖에 없는 세상을 나누어 살아가는 것이 아니라, 하
나님께서 각자에게 주신 세상을 살아갑니다.

  저 멀리 보이는 산(山)이 제 안에 들어옵니다. 제 안에 산을 갖고
있습니다. 그리고 이 산은 다른 사람의 마음에 있는 산과 다른 것입
니다. 그러니 하나님은 그 산을 보는 사람의 모든 마음속에 또 하나

의 산을 각자에게 주십니다. 밖에 있는 산이야 옮길 수도 있고 바꿀 수도 있지만, 내 안에 있는 산은 어느 누구도 옮기거나 바꿀 수 없습니다. 옮기거나 바꾸는 것은 오직 나만이 결정하여 할 수 있는 것입니다.

나는 누구 때문에 힘든 것이 아닙니다. 내 산을 누가 옮겨가겠습니까? 내가 옮겨 놓은 것입니다. 내 안에 있는 평안을 누가 빼앗아 가겠습니까? 어느 누구도 내 평안을 빼앗아갈 수 없습니다. 스스로 내어놓기 전에는 빼앗길 수 없습니다.

우리는 우리 안에 있는 산을 느끼는 것입니다. 밖에 있는 산을 통하여 안에 있는 산을 느끼는 것입니다. 우리는 세상을 경험하는 것이 아니라, 나를 경험하는 것입니다. 아픔은 밖에 있는 것이 아니라 안에 있는 것이요, 슬픔도 밖에 있는 것이 아니라 안에 있는 것입니다. 부요함도 기쁨도 안에 있습니다.

당신의 세상을 가지십시오. 다른 사람이 가져가서 없다고 불평하지 마십시오. 당신 마음에 있는 것을 누가 가져가겠습니까? "여기 있다 저기 있다고도 못하리니 하나님의 나라는 너희 안에 있느니라(눅17:21)." 내가 잃지 않으면 아무 것도 잃지 않은 것이요, 내가 잃으면 모든 것을 잃는 것입니다.

다른 사람이 많이 가졌다는 이유로, 내가 가난한 것이 아닙니다. 하나님께서 내게 주신 세상은 모두에게 동일한 세상입니다.

누구 때문에 가난하고, 누구 때문에 힘들고... 이런 유의 불만은 자신의 세상을 아직 갖지 못한 사람의 것입니다. 한 사람이 달을 독차지 할 수 없고, 태양을 독식할 수 없습니다. 또한 다른 사람이 그 마음에 태양을 가졌다고 해서, 나의 태양이 작아지는 것도 아닙니다. 우리는 각자 나의 세상을 가지고 있습니다.

이 세상의 주인이 되십시오.

하나님께서는 당신의 세상에서 당신을 아담으로 세우신 것입니다. 하나밖에 없고, 어느 누구도 들어올 수 없고, 당신이 이름을 불러야 존재하는 그 세상에 당신은 아담입니다. 당신의 세상을 가지도록 하십시오.

|눈이 바뀌어야|

좋게 보이는 것을 좋아하게 됩니다. 귀하게 보이는 것을 좇아가게 됩니다. 사랑스러운 것을 사랑하게 됩니다. 눈이 바뀌면 길이 달라집니다. 세상이 좋아 보이면 세상으로 가고, 천국이 좋아 보이면 천국으로 갑니다.

이사야 선지자가 성전에서 환상을 보게 됩니다. 하나님께서는 그 성전에 거룩하게 거하시며, 주의 옷자락이 성전에 가득한 것을 보게 됩니다. 그는 인생이 변화됩니다. 하나님의 영광을 보았기 때문입니다. 그는 기꺼이 하나님께 쓰임 받고 싶어했습니다. 그 거룩함에 참여하고자 하는 마음이 생겼습니다. 주의 영광을 보니 그 영광으로 옷 입기 원하였습니다.

혼인 잔치를 배설하고 왕이 사람들을 초청할 때, 그 혼인 잔치에 오는 것을 거절한 사람들이 있었습니다. 어떤 이는 밭으로 가야하고, 어떤 이는 장사해야 한다고 하며 거절하였습니다. 그들에게는 혼인 잔칫집보다 밭에 가는 것이 더 가치 있는 일처럼 보였고, 장사하는 것이 더 귀하게 여겨졌습니다. 그러니 귀하게 여기는 곳으로 간 것입니다.

천국에 들어갈 믿음이 있는 사람에게는 천국이 좋아 보입니다. 좋아 보임으로 천국에 들어갈 것입니다. 천국이 눈에 좋아 보이지도 않는데 천국에 들어갈 사람은 없습니다. 따라서 천국에 대한 눈이 열리지 않으면 천국을 들어갈 수 없습니다.

심판받는 소돔성에서 나오다 뒤를 돌아보다 소금기둥이 된 롯의 아내를 생각해 보십시오. 그녀에게는 소돔성이 떠나기 힘든 곳이었습니다. 그곳의 영광이 눈에 보기에 너무나 좋았습니다. 결국 그녀는 뒤를 돌아보지 말라는 천사의 경고를 무시하고 뒤를 돌아보았고, 죽어 소금기둥이 되었습니다. 그녀는 눈에 보기에 좋은 곳으로 간 것입니다. 소돔이 눈에 보기에 좋았으므로 그곳으로 간 것입니다.

믿음으로 당신 안에 천국이 있다면, 천국이 좋아 보이기에 당신은 결국 좋아 보이는 천국으로 갈 것입니다. 천국의 영광을 보는 믿음의 눈이 열리지 않으면 어느 누구도 천국에 가지 못합니다. 누가 좋아 보이지도 않은 것을 위해 자기의 쾌락을 포기하겠습니까?

믿음의 눈이 열린 사람에게는 천국 가는 것이 너무나 기쁘고 즐거운 일입니다. 믿음의 눈이 열리지 않은 사람이 천국에 가는 것은 너무나 힘들고 어려운 일일 뿐만 아니라, 불가능한 일이 됩니다. 마음에 주님이 계시는 사람은 주님을 좇아가는 것이 좋게 보이고, 마음에 세상이 있는 사람은 세상이 좋게 보입니다. 사람들이 지옥에 가는 것도 그곳이 좋아 보여서 그곳에 가는 것입니다. 누가 보내서 가는 것이 아니라, 그곳이 좋게 보여서 그곳으로 가는 것입니다.

주여! 눈을 열어주십시오. 당신의 나라가 가장 아름다워 그곳에 머물기를 소망하고, 당신을 살아가는 것이 가장 존귀하게 보여 그렇게 살아가며, 말씀을 살아가는 것이 가장 영광스럽게 보여 그렇게 살아가게 하십시오.

|마귀의 불화살을 꺾으십시오|

사람의 마음은 생각의 밭입니다.

많은 생각의 씨앗들이 마음 밭에 뿌려집니다.

마음에 뿌려진 생각의 씨앗 중에서 당신이 동의하여 품은 것은 자라서 열매를 맺게 됩니다.

당신에게 뿌려진 생각의 씨앗이 모두 하나님께서 뿌린 것이 아닙니다.

그중에 많은 것들이 사단이 주인이신 하나님 몰래 뿌려놓은 것들입니다.

이것들이 자라면 가라지가 되어 다른 씨앗들의 기운을 막아버립니다.

선택은 당신의 몫입니다.

마귀는 당신을 넘어뜨리기 위하여 생각의 불화살을 쏘고 있습니다.

마귀는 보이지 않지만, 그 불화살은 우리가 분명하게 알 수 있습니다.

불평, 원망, 미움, 시기, 분노, 교만...

이것들은 나에게서 온 것이 아니라, 마귀가 뿌려놓은 생각의 씨앗입니다.

이것을 자신의 것으로 받아들이는 순간 당신은 마귀에게 공격당하고 있는 것입니다.

마귀는 한 영혼을 넘어뜨리기 위해서 수많은 불화살을 날려보냅니다.

불평과 원망의 생각을 가진 사람들을 당신에게 보냅니다.

교만케 하는 책을 만나게 합니다.

당 짓고, 나누이게 하는 모임에 오도록 유혹합니다.

이것들은 마귀가 당신을 넘어뜨리기 위하여 쏘아보내는 불화살입니다.

불평, 원망, 미움, 시기, 분노, 교만....

이것들이 주님께서 당신에게 뿌려놓은 생명의 씨앗이 아닌 것은 분명합니다.

그렇다면 이런 생각을 멈추십시오. 그리고 그 생각을 대적하십시오.

하나님께서도 당신에게 생각의 씨앗을 계속해서 뿌리십니다.

감사와 기쁨과 평강의 생각들을 뿌려놓습니다.

이것을 당신의 것으로 받아들이고, 키우도록 하십시오.

당신에게 하나님의 일이 일어날 것입니다.

당신의 마음에 마귀가 씨를 뿌리지 않도록 하십시오.

마귀의 생각을 용납하지 마십시오.

마귀를 대적하십시오.

이 마귀의 생각이 자라가면, 마귀의 감정이 일어나고,

결국 당신이 마귀를 대신하여 세상에 마귀의 불화살을 쏘는 마귀의 군사가 됩니다.

당신에게 믿음을 제공하지 않는 교제를 끊으십시오.

당신에게 일어나는 악한 생각을 버리십시오.

마귀가 당신을 향하여 쏘고 있는 생각의 불화살을 꺾으십시오.

주님께서 뿌려놓은 생각의 씨앗을 붙잡으십시오.

그리고 그 생각의 씨앗을 세상에 뿌리는 복음 전도자로 살아가십시오.

|믿음의 세상을 넓히라|

　우리 각자는 믿음의 세상을 가지고 있으며, 우리가 살아가는 세상은 눈에 보이는 세상이 아니라, 믿음으로 받아들이는 세상입니다. 믿음이 가는 곳으로 발걸음을 옮기고, 믿음이 가는 사람을 만나고, 믿음이 가는 일을 계획하고 실행합니다. 또한 믿음이 가지 않으면 행하지도, 머물지도, 만나지도 않습니다. 그러므로 믿음의 세상이 풍성하면 풍성한 세상을 살고, 믿음이 가난한 사람은 가난한 세상을 살아갑니다.

　하나님께서는 우리가 믿음을 보이는 영역에서 일하십니다. 예수 그리스도 안에서 우리의 영혼을 구원하셨음을 믿음으로 우리의 영혼이 구원을 받습니다. 또한 하나님께서 모든 물질의 주인임을 믿고 하나님께서 물질의 공급자이심을 믿으면 물질 문제에 있어서도 하나님의 응답을 갖게 됩니다. 건강 문제가 하나님께 속하여 있음을 믿고 치유를 구하면 치유의 은혜를 입게 됩니다. 하나님께서 천사를 통하여 우리를 돕는 것을 믿고 그 도움을 구하면 우리는 천사의 도움을 받게 됩니다.

하나님께서 예수 그리스도 안에서 우리에게 이루신 구원은 모든 영역을 포함하고 있습니다. 영혼이 구원 받는 문제, 일용할 양식의 문제, 사람과의 관계의 문제, 건강의 문제 등 모든 영역에서 우리가 믿음을 보이면 그 영역에서 구원을 만나게 됩니다.

어떤 교회에서는 치유의 능력을 많이 경험하고, 어떤 교회에서는 물질의 은혜를 많이 입고, 어떤 교회에서는 성령의 은사를 많이 경험합니다. 각 교회들마다 선포되는 말씀의 비중이 다르고, 믿음이 강하게 역사하는 영역이 다르기 때문입니다.

당신의 믿음의 세계를 그림으로 그린다고 생각해 보십시오. 당신의 그림에는 하나님의 손에 무엇이 들려져 있습니까? 그 그림 안에는 천사와 능력과 은사와 기적들이 가득 채워져 있습니까? 아니면 혹 죽음 후의 천국만 그려져 있지는 않습니까?

이제 당신의 믿음의 세상에 하나님의 능력의 팔을 그려 넣으십시오. 은사와 각종 능력도 그려 넣으십시오. 부요함도 존귀함도 그려 넣으십시오. 당신이 믿음으로 받아들이는 세상을 하나님께서는 당신에게 주십니다. 그러므로 당신의 믿음의 그림을 풍성하게 채우도록 하십시오.

믿음의 넓이를 더하도록 하십시오.

믿음이 풍성해지면 삶이 풍성해집니다.

밑그림은 당신이 그리는 것입니다.

밑그림이 그려지면 하나님께서

그 그림을 완성시키십니다.

당신 삶의 모든 영역이 하나님으로 인하여

변화될 수 있음을 믿으십시오.

그리하면 당신의 삶 전부가

하나님을 경험하게 됩니다.

|방주를 짓는 사람들|

　　재개발지역에 사는 사람들은 더 이상 집을 짓거나 꾸미는 것에 투자하지 않습니다. 곧 허물 것이기 때문입니다. 물론 재개발기간이 길어진다면 어느 정도는 집을 수리하는데 투자할 수는 있을 것입니다. 그러나 모아지는 대부분의 돈은 새로 이사할 집을 짓는데 투자할 것입니다. 재개발이 확정되는 순간부터 관심은 오로지 새로 이사하게 될 집입니다. 만약 재개발이 확정 되었는데도, 자신의 집을 리모델링하거나, 헐고 그곳에 새집을 지으려고 한다면 참으로 어리석은 사람임에 틀림없습니다. 그런데 우리 생활을 돌아보면 우리는 대부분 새로운 집을 짓는데 거의 인생을 투자하지 않고, 썩어 없어질 인생을 지키려고만 힘을 씁니다. 지킬 수 없는 옛집을 이리 저리 꾸며서라도 지켜보려고 힘을 씁니다.

　　노아를 생각해 보십시오. 노아는 자신의 모든 수고와 땀을 방주를 짓는데 쏟아 부었습니다. 하나님께서 세상을 심판하여 더 이상 그곳에 머물 수 없게 될 것이라는 것을 알았기 때문입니다. 그는 홍수를 건너갈 배를 지었습니다. 방주는 느닷없이 하늘에서 내려오는 것이 아니었습니다. 땅에 있는 것으로 나무와 역청으로 만들어야 했습니다. 물론 노아가 그의 모든 것을 방주만 짓는데 사용하지는 않았을 것입니다. 살고 있는 집을 수리하거나, 자녀들과 음식을 먹거나, 옷을 만들거나.. 이런 일에도 그의 많은 수고를 기울였을 것입니다. 그러나 그것이 방주를 짓기 위한 수고를 계속하기 위해 필요한 것이지, 그것이 목적이 아니었을 것입니다.

세상의 재물로 교회를 세우는데 사용하는 분들을 주변에서 봅니다. 저는 이런 분들을 노아라고 부르고 싶습니다. 세상의 것으로 방주를 짓는 사람들입니다. 물론 그 짓는 건물이 그들을 구원하지는 않습니다. 그러나 분명한 것은 그분들이 영혼의 때를 준비하고 있다는 것입니다. 어떤 이들은 교회를 세우기 위해서 일하고, 어떤 이들은 영혼을 구원하기 위해서 일하고, 어떤 이들은 섬기는 일을 감당하기 위해서 수고합니다. 무너질 집을 붙잡으려고 힘쓰는 대신에 새로운 집을 지어갑니다. 옛집이 무너지면 언제든지 옮겨갈 집이 있기 때문에 마음은 언제나 평안합니다. 무너짐이 심해질수록 더욱 소망은 분명하여 집니다.

확정된 재개발의 때가 이르면 다 무너뜨려집니다. 더 이상 그곳에 머물 수 없게 됩니다. 준비된 사람은 유쾌하게 이사할 수 있지만, 준비되지 않은 사람은 그날이 가장 후회스러운 날이 될 것입니다. 자신이 누렸던 영광이 자신의 어리석음으로 나타날 것입니다.

  당신은 영혼의 때를 위하여 무엇을 하고 있습니까? 무너질 육체를 위해서 무엇을 준비하고 있습니까? 헤어질 가족을 위해서 무엇을 하고 있습니까? 다시는 보지 못할 사랑하는 사람을 위해서 무엇을 하고 있습니까?

영혼의 때가 옵니다.

그때를 준비하십시오.

당신의 재물도, 당신의 건강도, 당신의 시간도...

방주를 짓는데 사용하십시오.

영혼의 때를 준비하는 데 사용하도록 하십시오.

하나님 학교

　요셉은 궁중에서 어떤 교육도 받지 않았습니다. 그러나 그는 애굽 왕궁과 그 나라를 위해서 누구보다도 더 지혜롭게 봉사하였습니다. 그는 오직 하나님 학교만을 다녔습니다. 그는 하나님 앞에서 살아가는 법을 배웠고, 하나님께 구하는 법을 배웠고, 하나님의 사람으로 사람을 섬기는 법을 배웠고, 하나님 인도함을 받는 법을 배웠습니다. 오직 선생님은 하나님이셨습니다.

　하나님께서는 사람 선생과는 다른 방법으로 요셉을 가르쳤습니다. 하나님은 교실에서 가르치지 않고, 현장에서 가르쳤습니다. 하나님은 언어로만 가르치시지 않고, 실제로 경험하게 하셨습니다.

　섬김에 대한 지식을 주는 대신에, 애굽인의 종이 되게 하셨습니다. 종으로 살다보니 생활이 섬김이었고, 체질이 섬김이 되었습니다. 요셉은 섬김에 대해서 아는 사람이 아니라, 섬기는 사람이 되었습니다.

　기다림의 유익에 대한 지식을 주는 대신에, 감옥에서 3년여 기간 동안 머물게 하셨습니다. 세상의 어느 누구도 그를 주목하여 보지 않았고, 그가 꿈 해몽을 통하여 은혜를 베풀었던 술 맡은 관원장 조차도 그를 기억하지 못하고 잊었습니다. 그는 다른 사람들이 주목하여 보지 않는 감옥에서 하나님이 주목하여 보고 계심을 깨닫게 되었습니다. 세상이 듣지 않아도 하나님은 듣고 계시고, 세상이 보지 않아도 하나님은 보고 계심을 배웠습니다. 긴 기다림이라는 터널을 지나면서 그는 하나님만을 바라보는 훈련을 받았습니다.

　세상의 지식이 얼마나 힘이 없는 것인지를 우리는 어려운 일을 당할 때 깨닫게 됩니다. 인생의 고난이 올 때, 그 고난을 극복할 용기는 세상의 지식에서 오지 않습니다. 오직 하나님께서 주시는 지혜에서 옵니다. 인생의 중요한 결정은 세상의 지식으로 하는 것이 아니라, 하나님의 지혜로 하는 것입니다. 평안할 때에는 세상의 지식이 전부인 것 같습니다. 그러나 정작 힘든 일을 극복하고, 중대한 결정을 하고, 자신을 절제하고, 인생을 복되게 하는 데에는 세상의 지식이 무기력합니다. 오직 하늘로부터 오는 지혜만이 우리에게 생명의 선택과 용기를 줍니다.

　세상의 지식이 탁월한 사람들도 인생이 너무나 힘들어 술을 마시며 괴로워하고, 지식 없는 사람보다 더욱 타락하고, 소심하여 다른 사람들에게 먼저 다가가 사귐을 청할 줄도 모르고, 사랑의 힘이 없어 어느 누구를 섬길 줄도 모르는 이런 소시민들이 너무나 많습니다. 지식이 그들에게 부와 명예는 주지만, 정작 인생을 살아갈 용기와 사랑과 마음은 주지 못합니다.

우리는 하나님께로부터 배워야 합니다. 세상 학교가 아니라 하나님 학교를 다녀야 합니다. 우리 자녀에게 필요한 것은 세상의 더 많은 지식이 아니라, 그 지식보다 더 큰 인생을 가르치는 하나님의 지혜입니다. 하나님의 학교를 다니십시오. 하나님이 선생님이 되어서 우리를 가르치실 때, 우리는 지혜롭게 인생을 결정하고, 고난에서 일어나고, 감사할 줄 알고, 영생을 얻게 됩니다.

머리에 담는 것은 다른 사람을 통하여 하지만, 우리의 체질이 되고 인격이 되고 생명이 되는 것은 하나님을 통하여 이루어집니다. 하나님께 배운 사람은 세상을 이깁니다. 바로의 궁중에서 교육 받고 훈련된 사람은 하늘의 재앙을 이길 능력과 지혜가 없었습니다. 하나님의 학교에서, 하나님의 손에 길리운 사람 요셉이 애굽을 하늘의 재앙에서 구원하였습니다. 이 세상에 참으로 필요한 사람은 하나님 학교를 나온 사람입니다. 하나님께 배운 사람, 하나님의 지혜를 가진 사람입니다.

|느낌 언어|

　우리가 사용하는 언어를 여러 가지 방향으로 분류할 수 있습니다. 저는 개인적으로 우리가 사용하는 언어를 세 가지로 분류합니다. 이 세 가지는 서술어에 대한 것입니다. '이해 언어', '의지 언어' 그리고 '느낌 언어'입니다. '이해 언어'에는 "알겠습니다", "이해가 됩니다" 등의 서술어입니다. '의지 언어'란 "하겠습니다", "해야만 합니다" 등의 서술어입니다. 그리고 '느낌 언어'란 "행복합니다", "기쁩니다", "감사합니다" 등의 서술어입니다.

　학교에서 주로 사용하는 서술어는 '이해 언어'가 주를 이루고, 사회에서 주로 사용하는 서술어가 '의지 언어'인 반면 교회에서(신앙 생활에서) 주로 사용하는 서술어는 '느낌 언어'입니다.

　밥에 포함된 탄수화물 함량이 얼마이며, 단백질을 비롯한 영양소의 함량에 대해서 안다고 하더라도 그 밥을 먹지 않으면 배부름을 누리지 못합니다. 밥을 먹은 사람은 '배부르다', '행복하다'라는 '느낌 언어'를 사용합니다. '믿음 생활'이란 믿음을 생활한다는 뜻입니다. 이것은 곧 '이해 언어'나 '의지 언어'를 '느낌 언어'로 바꾸어 가는 것입니다. 예수님께서 십자가에서 나를 위해 죽으셨다는 것을 아는 것은 믿음 생활이 아닙니다. 이 사실이 우리에게 "그래서 행복하다"라고 고백되어 질 때, 비로소 믿음을 생활한 것입니다. 여기에 행복이 있습니다.

"하나님은 당신을 사랑합니다"라는 설교를 들었을 때, 믿음을 생활하는 사람은 "아! 행복하다"라고 반응합니다. 그러나 혹 "어떻게 사랑하셨나?", "그분의 사랑은 나에게 어떻게 이루어지고 있는가?"라고 반응한다면 그는 하나님을 이해하려고 하는 것입니다. 믿음 생활은 하나님을 이해하는 것을 지나서, 하나님을 '느끼는 것'입니다.

믿음을 생활한다는 것은 '머리'에 있는 것을 '가슴'으로 가져오는 것입니다. 머리에서 가슴으로 내려오지 않은 채로 소위 신앙 생활을 하는 사람을 바리새인이라고 합니다. 바리새인은 하나님을 느끼는 대신에, 무엇인가 하나님을 향하여 행하고 있는 자신을 느끼는 사람입니다. 믿음 생활을 한다는 것은 '하나님을 느끼는 것'입니다.

그렇다고 지식이 믿음 생활에 필요 없다는 것은 아닙니다. 지식은 느낌을 부요케 합니다. 예컨대 엄마가 어린아이에게 과자를 건네주었을 때, "엄마! 고마워요"라고 대답합니다. 나이가 벌써 50을 훌쩍 넘긴 아들에게 80대 노모가 과자를 건네줄 때, 그 아들도 "어머니! 고맙습니다"라고 대답합니다. 이 두 대답은 그 깊이에 있어서 다릅니다. 어린아이는 먹을 수 있는 과자가 있어서 감사하는 반면에, 나이든 아들의 감사는 어머니의 사랑 때문입니다. 그 느낌의 깊이가 다릅니다.

우리는 '아멘'이라는 말을 자주 사용합니다. 이 '아멘'이라는 언어는 머리에 있는 '이해 언어'를 가슴에 있는 '느낌 언어'로 가져옵니다. 모든 일에 '아멘'을 통하여 하나님을 느낀다면 우리의 모든 삶은 믿음을 생활할 수 있을 것입니다.

|시작 후 30분|

　등산을 할 때, 가장 힘들지만 중요한 때는 등산 시작한 후 30분입니다. 이 30분 동안 자신의 컨디션에 따른 속도가 결정됩니다. 자신의 역량에 맞는 속도를 찾는다는 것이 전문적인 등산을 한 사람이 아닌 경우에는 쉽지가 않습니다. 속도뿐만 아니라, 호흡하는 것도 그렇습니다. 호흡하는 것도 이 30분 안에 조절합니다. 이 30분이 결국 등산의 전체를 좌우하는 것입니다. 너무 무리하면 나머지 등산이 어렵고, 너무 한가롭게 하면 너무 뒤쳐져 등산은 더욱 힘들게 됩니다. 등산 시작 후 30분 정도 지나면 호흡이 부드러워지고, 보폭도 가장 적합하게 결정이 됩니다.

　등산 뿐만 아니라, 시간과 체력이 요구되는 모든 운동이 그렇습니다. 이 시작 후 30분, 물론 어떤 운동은 10분이 될 수도 있겠지만, 이 시간을 '적응기(adjustment period)'라 부를 수 있습니다. 최적의 상태로 적응해 가는 시간입니다. 호흡을 비롯해 모든 신체적인 상태가 제 자리를 잡는 시간입니다.

우리의 생활로 말한다면 이 '적응기'는 행동이 습관이 되는 시기라 할 수 있습니다. 사람들의 변화 과정은 이렇습니다. 그의 변화의 시작에는 '감동(감정의 변화)'이 있습니다. 감정의 변화는 무엇을 해야겠다는 '의지의 변화'를 낳습니다. 사람이 무엇에 감동하면 의지가 작용하여 행동을 변화시키는 동력을 만들어 냅니다. 의지는 감정을 행동으로 변화시키는 동력입니다. 행동으로 옮기지 못하는 감동은 잠깐의 행복으로 끝나고 맙니다.

행동으로 옮겨지더라도 그 행동이 반복되지 않으면 인생의 큰 변화가 일어나지 않습니다. 이 행동이 반복적이고 지속적으로 일어나게 될 때 변화는 큰 능력을 갖게 됩니다. 즉 습관이 형성될 때, 비로소 변화의 진정한 축복을 누리게 됩니다. 한번의 감동이 지속적인 행동이 되어가는 시기가 바로 '적응기'입니다.

이 적응기가 가장 어려운 시기입니다. 이 시기는 재미도 없고, 쉽게 포기하고자 하는 마음이 자주 들고, 이 방법 외에 다른 방법을 찾으면서 게으르고 싶은 충동을 느끼는 시기입니다. 편하고 싶기도 하고, 또 무리해서 하고자 욕심을 부리기도 합니다.

'적응기'에는 변화의 양을 줄이고, 변화가 지속되도록 하는 것이 중요합니다. 체질화 될 때까지 참아내십시오. 이 적응기에 가장 필요한 것이 '인내'입니다. 이 시기만 지나면 그 변화가 즐거움을 가져 다줍니다.

　책에 몰입하기 전까지 지리한 싸움이 있습니다. 30분이 지나면 책은 즐거움을 가져다 줍니다. 조금 더 인내하십시오. 30분 동안에는 판단하지 마십시오. 미련하게 반복하고 지속적으로 하는 것이 가장 지혜로운 것입니다. 30분의 적응기는 믿음 생활에도 가장 중요한 시기입니다. 처음한 행동이 어색하고 힘든 것은 너무나 당연한 일입니다. 나의 행동이 습관이 되어가는 시간에는 인내하십시오. 인내는 당신에게 머지않아 변화의 기쁨과 축복을 누리게 할 것입니다.

예수의 피, 믿음

　사람은 혈통으로 아담과 연결되어 있습니다. 아담의 가족이 된 것은 다른 조건 때문이 아니라, 다만 아담의 혈통으로 나왔기 때문입니다. 아담의 가족이 되면 아담의 모든 것을 누리게 됩니다.

　아담이 선악과 열매를 먹을 때, 우리는 아담 안에서 어떤 모양으로든지 존재하고 있었습니다. 아담이 죄를 범할 때에, 우리는 그 안에서 함께 참여한 자가 된 것입니다. 아담 이후에 나오는 모든 사람들은 아담의 생명 즉, 아담의 피를 가졌기 때문에 죄에서 자유할 수가 없습니다. 그래서 로마서 5장에서는 한 사람의 범죄함으로 모든 사람이 죄인이 되었다고 합니다.

　이와 같은 원리로 우리는 그리스도 예수께서 십자가에서 죽으실 때, 그분의 자녀들도 그분과 함께 죽었습니다. 예수 그리스도께서 의롭게 되실 때 함께 의인이 되었고, 그리스도의 부활은 그분의 자녀들의 부활이 되었습니다. 우리는 예수 그리스도의 권속(family)이기에 예수 그리스도의 모든 것을 함께 하게 된 것입니다. 영생과 천국을 함께 가진 자가 된 것입니다.

그렇다면 예수님의 권속이 되게 하는 것은 무엇일까요? 예수님과 우리를 연결하고 있는 것은 무엇일까요? 아담과 나의 '옛사람'을 연결하고 있는 것은 분명 혈통(피)입니다. 그렇다면 예수 그리스도와 '새사람인 나'를 연결하고 있는 것은 무엇일까요? 그것은 '믿음'입니다. 육의 세상은 피로 연결되어 한 가족을 이루는 것처럼, 영의 세상은 '믿음'으로 연결되어 한 가족을 이룹니다. 가족이 되기 위하여 그리스도의 생명이신 예수 그리스도의 '피'가 우리 안에 있어야 합니다. 예수 그리스도의 피가 있는 자는 그분의 생명이 있는 자요, 그분의 피가 없는 사람은 예수님의 권속이라 할 수 없습니다. 그 '예수 그리스도의 피'가 곧 '믿음'입니다.

믿음은 영적인 피입니다. 믿음은 영적인 혈통입니다. 믿음은 영의 세계를 하나로 묶는 피입니다. 믿음은 영의 혈통입니다. 이 영의 혈통인 믿음이 있으면 우리는 그리스도와 연결된 가족이 되며, 그 나라와 생명을 함께 누리는 상속자가 됩니다.

마음을 지키라

마귀는 어떻게 사람 안에 들어올까요? 음식을 통하여 영양분이 우리 몸에 공급되는 것처럼, 마귀는 죄를 통하여 사람 안으로 들어옵니다. 사람이 범죄할 때, 사람의 마음은 마귀에게 열려집니다.

분노하지 말 것, 간음하지 말 것, 거짓 증거하지 말 것, 근심하지 말 것, 두려워하지 말 것... 하나님께서는 우리에게 하지 말 것에 대해서 구체적으로 말씀하셨습니다. 이 사항들이 단순히 윤리적인 문제만을 이야기하는 것이 아닙니다. 사람이 범죄할 때에 마귀가 그 범죄를 통하여 사람 안으로 들어오게 됩니다. 사람의 마음 속에 들어온 마귀는 마음에서 일어나는 생각들을 헤치게 됩니다. 음란한 영이 들어오면 음란하게 만들고, 분노의 영이 들어오면 분노하게 되고, 미움의 영이 오면 미움의 생각으로 가득하게 합니다. 마치 밭에 뿌려진 가라지가 자라가는 것처럼, 일단 마음 안으로 들어온 악한 영은 그 죄가 마음에서 자라게 합니다.

마귀는 밖에서 유혹을 합니다. 그 유혹에 사람은 넘어가 죄를 범합니다. 그때 마귀는 사람 안으로 들어갑니다. 안에서 역사할 때는 그의 생각을 사로잡습니다.

마귀는 악한 생각을 집어넣습니다. 사람은 그 생각에 동의합니다. 그때 마귀는 그 사람 안으로 들어갑니다. 그리고 집을 짓습니다. 이런 생각이 반복되면 그 사람은 마치 그 생각이 자기에게서 나온 것처럼 받아들입니다. 이때에는 마치 마귀의 생각을 자기의 생각처럼 말합니다.

습관적으로 분노하고, 습관적으로 미워하고, 습관적으로 걱정하는 사람들이 있습니다. 이것은 단순히 습관적인 문제가 아닙니다. 이유도 없는데 그냥 습관적으로 분노하거나 미워하거나 걱정한다면 이미 그 마음이 악한 영에게 사로잡힌 상태입니다. 이것이 곧 견고한 진이라 할 수 있습니다.

이유 없는 일이 일어날 때, 영에서 일어나는 일인 경우가 많습니다. 이유 없이 일어나는 분노나 짜증은 마귀의 역사일 가능성이 높습니다. 마음에서 일어나는 것은 이유가 분명 있습니다. 이유가 없다는 것은 자신에게서 온 것이 아니라, 다른 곳에서 온 것이기 때문입니다. 분노의 영이 역사할 때 이유 없이 분노가 일어나고, 미움의 영이 역사할 때 이유 없이 사람이 미워집니다. 분명 분노하거나 미위할 이유가 전혀 없는데도 이런 일이 발생할 때, 마귀를 대적하십시오. 내 안에 있는 악한 영의 존재를 깨닫고 거부하십시오. 담대하게 그 영을 향하여 쫓아내는 명령을 하십시오.

기도하다가 이유 없이 흐르는 눈물이나, 마음 깊은 곳에서 흘러나오는 기쁨은 성령께서 우리의 마음을 만지는 것입니다. 나도 깨닫지 못하는 아픔을 성령님께서 만지실 때, 이유 없이 눈물이 흐릅니다. 또한 성령의 위로가 함께 할 때, 말할 수 없는 기쁨이 마음 깊은 곳에서 흘러나옵니다.

성경의 계명들을 단순히 윤리적인 조항으로 받으면 우리는 영적인 싸움을 싸울 수도 없거니와, 그 문제를 근본적으로 해결할 수가 없습니다. 죄가 마귀가 역사하는 통로임을 깨닫고, 나의 생각에 마귀가 뿌려놓은 많은 생각의 씨앗들이 있음을 알게 될 때, 비로소 우리는 영적인 싸움을 싸울 수 있습니다.

마귀의 통로를 차단하십시오. 먼저 죄와 멀어지십시오. 다음으로 마귀가 마음에 뿌리는 악한 생각에 동의하지 마십시오. 악한 생각에 동의하는 것은 곧 악한 생각을 마음에 심는 것과 같습니다. 악한 생각이 뿌리 내리기 전에 악한 영을 쫓아내십시오. 그 생각이 당신의 생각이 아님을 입으로 시인하고 쫓아내십시오. 그리고 범죄한 경우가 있거든 빨리 회개하십시오. 그렇지 않으면 마귀는 그 죄의 기운을 통하여 당신의 마음을 사로잡을 것입니다.

"모든 지킬 만한 것 중에 더욱 네 마음을 지키라

생명의 근원이 이에서 남이니라(잠4:23)"

|인생의 그물코|

　인생은 그물과 같고, 만나는 사람과 사건들은 그 그물의 그물코입니다. 그물코가 견고하면 그 그물에 많은 것을 담을 수 있습니다. 사람들은 자신이 만든 그물에 인생의 기쁨과 복을 담습니다. 그물코가 헐거우면 담아낼 수 있는 복과 기쁨이 적습니다.

　지나간 사람이 오늘 다시 저를 방문해 기쁨을 나누는 분들이 있습니다. 과거에 한 순간 만났으나, 오랫동안 서로의 복을 나누고 사랑의 교제를 이어오고 있는 분들이 있습니다. 이분들은 과거에서 걸어 나와 오늘 나에게 구원의 사건들을 만들어주는 분들입니다. 지금까지 영육간에 제게 도움을 주신 분들이 있습니다. 이분들은 과거에 소중하게 만났고, 성실함으로 만난 분들입니다. 그분들과는 그물코를 단단히 잡아맸습니다. 성실함으로 그물코를 묶었습니다. 끊을 수 없는 끈입니다.

한번 만남으로 끝난 사람도 있습니다. 그냥 가볍게 만났고, 지나가는 사람으로 만났습니다. 이들은 다시 제 인생으로 걸어 들어오지 않습니다. 기쁨과 사랑을 한 아름 안고서 저를 찾아오지 않습니다. 인생의 그물코가 헐거워 어떤 것도 담아내지 못합니다.

인생의 시련을 통하여 복된 인생으로 나아온 사람들이 있습니다. 이들은 시련을 성실하게 대면하면서, 그물코를 만들어낸 사람들입니다. 가난을 성실하게 보낸 사람은 가난이 가져다 주는 보화들을 그물에 가득 담아서 나옵니다. 그러나 어떤 사람들은 시련을 불평과 원망으로 그냥 우연의 사건으로 만나는 사람들이 있습니다. 그들은 시련을 지나올 수는 있지만, 인생의 그물에 아무 것도 담지 못하고 나아옵니다.

성실로 인생의 그물코를 만들어가십시오. 우리가 만나는 모든 사람들은 하나님께서 우리에게 보내신 선지자들입니다. 그냥 보내신 것이 아니라, 우리의 인생에 복과 기쁨을 담아주시기 위해 보낸 선지자들입니다. 그분들을 성실로 만나고 사랑으로 대하며, 그물코를 견고히 만들어간다면, 그들이 우리의 삶에 놀라운 하나님의 구원과 복을 가져다 줄 것입니다.

만나는 모든 일들을 성실하게 대하십시오. 그물코를 견고하게 만들어가십시오. 그 일이 우리를 풍성함으로 인도할 것입니다.

우리가 지금까지 살아오며 만난 모든 사람들을 사랑과 성실로 만나고 보냈더라면, 우리의 인생에는 후원자들이 얼마나 많을까요? 우리가 겪었던 모든 일들을 성실로 만나고 보냈더라면, 우리는 얼마나 지혜로운 사람이 되어 있을까요?

어려운 일을 당해도 도와줄 사람 하나 없다면 얼마나 불행한 일입니까? 왜 이런 일이 일어날까요? 지나온 모든 사람들을 성실과 사랑으로 대하지 않았기 때문입니다. 많은 인생의 그물코를 만들어 놓아, 그 그물에 걸리는 것이 많은 사람이 복이 있는 사람입니다. 지금 눈에 초라하게 보이는 사람도 언젠가 당신의 인생으로 구원을 가지고 걸어 들어올 선지자임을 기억하십시오. 복된 인생을 살기 원하십니까? 만나는 모든 사람을 성실과 사랑으로 만나십시오. 그들과 끊을 수 없는 인생의 그물코를 만드십시오. 그 안에 많은 물고기가 잡힐 것입니다.

|거룩함의 힘|

　반복되는 죄는 우리에게서 특별히 두 가지 축복을 빼앗아 갑니다. 하나는 영적 민감성이며, 다른 하나는 열정입니다. 하나님이 거룩하신 분이시며, 우리 안에 오신 예수 그리스도의 영이신 성령님도 거룩하신 분입니다. 따라서 생명의 본질이 거룩함으로, 거듭난 사람은 거룩함을 향하여 성숙해갑니다.

　우리는 거룩할 수 없습니다. 우리의 거룩함은 성령님께서 내 안에서 행하시는 결과물입니다. 성령님께서 우리 안에서 강하게 역사하실 때 거룩함은 더욱 강력하게 나타나게 되고, 성령님께서 우리 안에서 소홀히 여김을 받고, 성령님의 사역을 인정하지도 의탁하지도 않을 때 거룩함은 나타나지 않습니다. 이때 우리의 영적인 삶은 무기력해집니다.

　거룩함을 추구하는 삶에는 언제나 열정이 있습니다. 영혼 구원의 열정, 사랑의 열정, 사역의 열정, 부흥의 열정 등은 거룩함을 추구하는 사람들에게 주어지는 선물입니다. 거룩함을 기도하십시오. 그리고 거룩함에 자신을 노출시키십시오. 거룩하지 않은 것을 멀리하십시오. 거룩하지 않은 행동과 말에 대해서 철저하게 회개하십시오. 그때 우리의 마음은 뜨거워집니다. 그저 되는 대로 사는 생활에는 열정이 생기지 않습니다. "아버지의 거룩하심과 같이 너희도 거룩하라." 더욱 거룩하여지기 원하는 마음, 아버지를 온전히 누리고자하는 마음, 아버지께 더 가까이 다가가고자 하는 마음에 하나님은 열정의 기름을 부으십니다. 거룩함을 향한 끊임없는 성령의 감동하심에 순종하는 노력이 우리를 더욱 뜨겁게 합니다. 거룩함을 소망하십시오. 그리고 거룩함을 향한 성령의 감동에 힘써 순종하십시오. 당신의 인생 온도가 올라갈 것입니다.

하나님의 거룩함이 우리에게 나타나지 않은 많은 이유 중의 하나는 우리의 반복되는 죄 때문입니다. 순결한 삶을 사는 사람들은 작은 죄에 대해서도 민감하게 반응합니다. 그러나 거룩한 삶을 추구하지 않은 사람들은 큰 죄에 대해서도 둔감합니다. 작은 죄에 대해서도 마음 아파하는 마음은 거룩함을 추구하는 심령에게 주시는 하나님의 축복입니다.

죄에 대해 괴로워할 때, 제 심령은 평안을 누립니다. 그러나 죄에 대해서 무감각해질 때, 저는 두려워합니다. 하나님을 느끼지 못하는 것에 대해서 두려움을 느낍니다. 작은 죄라도 범하지 않도록 하십시오. 또한 같은 죄가 반복해서 일어나지 않도록 하십시오. 점점 범죄함이 적어질 때, 우리는 하나님을 더욱 깨끗하게 느낄 수 있습니다. 성령의 감동하심이 선명하게 느껴집니다.

반복되는 실패는 좌절감을 가져옵니다. 어렸을 때 꿈들이 어른이 되면서 어디론가 사라져 버립니다. 실패를 경험하면서 이제 소망까지도 사라진 것입니다. 작은 일이라도 해내는 기쁨을 맛보아야 더 큰 일을 소망하게 됩니다.

우리가 죄를 정복하고 유혹을 넘어서는 기쁨들은 우리로 더욱 거룩함을 향한 열망을 갖게 하며, 성령의 감동하심에 민감하게 합니다.

죄를 이기도록 하십시오. 죄를 이기게 하는 성령님의 능력을 의지하십시오. 그리고 그 성령의 뜻이 이루어지도록 하십시오. 그분께 전적으로 순종하여, 성령님이 죄를 이기도록 하십시오. 죄를 이기면서 우리는 성령님께 더욱 민감해지며, 하나님을 향한 열정으로 가득하게 될 것입니다.

내게 주신 직분

    세상의 어떤 직분이 죄인을 의인으로 만들 수 있겠습니까? 교도관이 죄인을 의인으로 만들 수 없고, 재판관이나 정치인이나 교사가 할 수 있는 일이 아닙니다. 오직 복음을 전하는 사람들만이 할 수 있는 일입니다.

    세상의 어떤 직분이 죽을 영혼을 살릴 수 있겠습니까? 의사는 육신을 살릴 수 있으나 그의 영혼을 살릴 수 없습니다. 영혼이 거룩하면 삶이 거룩하고, 영혼이 깨끗하면 삶이 깨끗하게 되는 법입니다. 이 놀라운 영혼 구원의 일은 오직 복음 전하는 사람을 통하여 이루어집니다.

    제 삶을 돌아볼 때, 예수 그리스도와의 만남보다 더 크게 제 삶을 변화시킨 사건이 없었습니다. 예수 그리스도를 만남으로 세상을 보는 눈이 달라졌고, 꿈이 달라졌고, 세상을 대하는 자세가 달라졌고,

제 인생에 대한 성찰의 깊이가 달라졌고, 인생을 바라보는 시각이 달라졌습니다. 완전히 새로운 존재가 된 것입니다. 다시 태어난 것입니다.

아무리 변하지 않았다고 하더라도 예수님을 만난 사람들은 많은 방면에서 변화를 경험합니다. 먼저는 영혼과 영원에 대해서 의식하며 살아갑니다. 또한 하나님과 양심 앞에서 자신의 모습을 살피며, 죄와 의에 대한 깊은 인식을 갖게 되며, 세상을 만드신 분을 만나게 됩니다.

인생을 완전히 새롭게 하는 능력은 오직 예수 그리스도의 복음에 있습니다. 그러므로 복음을 전하는 직분보다 더 귀한 직분은 세상에 없습니다.

먹을 것을 주어 배를 부르게 하는 것, 기술을 가르쳐 세상을 좀 더 잘 살아가도록 하는 것, 도덕을 가르쳐 바르게 살아가게 하는 것, 이 모든 일들이 아주 귀한 일임에 틀림없습니다. 그러나 이보다 더욱 귀한 일이 있습니다.

도박을 끊지 않은 사람에게 돈을 주면 도박으로 금방 탕진합니다. 그에게 먼저 필요한 것은 도박을 끊도록 하는 것입니다. 의사가 사기꾼에게 육체의 생명만을 연장시켜준다면 그는 그 생명으로 더 많은 사람을 아프게 할 뿐입니다. 그에게 먼저 필요한 것이 있습니다. 정직한 마음입니다. 정직한 마음을 먼저 주고, 그의 생명을 연장

시킨다면 그의 삶은 얼마나 귀할까요?

복음을 만난다는 것은 그 사람의 본질이 바뀌는 것입니다. 인생을 대하는 자세가 긍정적으로 바뀔 때, 앞으로 일어날 모든 일들이 그에게 긍정적으로 작용하게 됩니다. 복음은 사람을 바꿉니다. 예수 그리스도를 만날 때, 사람은 본질이 변화됩니다. 이 변화가 없이 주어지는 모든 것은 그를 더욱 악화시킬 뿐입니다.

복음을 전하는 것은 그의 삶의 본질에 영향을 미치는 너무나 귀한 사역입니다. 우리는 이 귀한 직분을 주님께 위탁받은 사람들입니다. 복음을 주는 것보다 더 귀한 일은 없습니다. 예수님을 만나는 것보다 우선 되어야 할 것도 없습니다. 그러므로 오직 예수님을 전하십시오. 가장 귀한 것을 세상에 나누도록 하십시오. 복음을 전하는 사람만이 세상의 소망입니다.

강건한 심령으로 두려움을 맞서라

더 이상 억울한 삶을 반복하지 마십시오. 시작도 하지 않고 실패가 두려워 시도도 하지 않고 포기했던 생활을 반복하지 마십시오. 그리고 하지 못한 것에 대해서 마음 아파하면서 얼마나 많은 변명으로 살아왔습니까? 이제는 변명 없는 삶을 사십시오.

다른 사람에게 창피 당할까봐 자신의 의견을 주장하는 것도 두려워하여 물러섰던 적은 얼마나 많습니까? 옳은 일인 줄 알지만, "꼭 그 일을 내가 할 필요는 없지 않는가?"라고 변명하며 그 자리를 피한 적은 얼마나 많습니까? 다른 사람들과 갈등하기 싫다는 이유로, 불의한 일에도 눈감고 살았던 적이 얼마나 많습니까?

유월절 어린양의 피를 심령에 바르십시오. 죽음의 천사도 들어오지 못하도록, 두려움이 당신의 마음을 사로잡지 못하도록 가슴에 의의 호심경을 하십시오(엡6:14). 당신은 무능해서 실패하는 것이 아닙니다. 어떤 환경도 당신을 실패자로 만들 수 없습니다. 오직 당신이 두려움에 자신을 내어주기 때문에 실패한 것입니다. 두려움이 당신을 포기시키지 못하도록 심령을 강건케 하십시오.

한번 두려움을 맞서면 두 번 다시는 그 문제가 당신을 실패자로 만들지 않을 것입니다. 그러나 두려움과 지금 맞서지 않으면 당신은 다시 동일한 문제로 두려워해야 할 것입니다. 오직 하나님을 향한 진실한 믿음만이 당신의 가슴을 불태우도록 하십시오.

두려움을 이길 수 있는 것은 크신 하나님을 붙잡는 믿음밖에 없습니다. 나는 약하지만, 주 예수님은 강합니다. 나는 가진 것이 없으나 주 예수님은 부요하십니다. 주 안에 있는 동안 나를 그 사랑에서 빼앗아 갈 자가 누구이겠습니까?

심령을 강건케 하십시오. 주님과 교통하는 시간을 많이 가지십시오. 야곱이 얍복강에서 했던 기도는 우리의 심령을 강건케 합니다. 주님과 씨름하십시오. 주님께서 당신의 이름을 '이스라엘(이기는 자)'이라고 하실 때, 당신은 결코 무너지지 않는 성읍이 될 것입니다. 나를 향한 하나님의 뜻을 발견할 수 있다면 우리는 어떤 일이 있어도 가던 길을 포기하지 않을 것입니다. 나의 의지와 지혜로 가는 길은 언제든지 무너질 수 있으나, 하나님의 길을 가는 확신은 우리를 결코 넘어뜨릴 수 없습니다.

강건한 심령을 갖도록 하십시오. 어떤 사람들의 말에도 상처받지

않고, 어떤 일에도 굴하지 않고, 어떤 부추김에도 넘어가지 않는 강
건한 심령을 가지십시오.

주께 깨어 부르짖으십시오.

부르짖는 심령은 강건해집니다.

당신 안에 열망을 감추어두지 마십시오.

당신의 열망을 기도로 불태우십시오.

그 열망이 믿음을 만들어내고,

믿음이 당신에게 승리하는 삶을 줄 것입니다.

하나님을 '믿으십시오.'

주께서 당신과 함께 하십니다.

|먼저 믿음을 세우라|

집을 짓는데 먼저 설계도가 나오지 않으면 어떤 집도 지을 수가 없습니다. 실제로 건축하는 공정 가운데 집을 지을 사람이 가장 고민을 많이 하고, 가장 많은 시간을 투자하는 것이 설계하는 과정입니다. 설계도는 집을 지을 사람의 생각과 꿈과 세상이 들어가 있습니다. 또한 이 설계의 아이디어는 오직 집을 지을 사람이 내야하고, 많은 아이디어 가운데 선택해야 합니다. 물론 좋은 설계도를 만들어내기 위해서는 많은 분들의 조언이 필요합니다. 그동안 많은 설계를 해왔던 건축사들의 조언, 또한 실제로 건축을 시행하는 시행사들의 조언, 또한 집을 지어본 경험이 있는 사람들의 조언 등이 필요합니다. 그러나 선택과 결정은 오직 집을 지을 사람이 하는 것입니다. 일단 설계도만 나오면 나머지 건축과정에서 자신이 해야 할 일은 많지 않습니다.

설계도가 좋아야 좋은 집이 나옵니다. 설계도가 좋지 않으면 좋은 집이 나올 수가 없습니다. 건축자는 설계도에 따라서 집을 지어 갑니다. 또한 설계도가 구체적일수록 건축하는 것이 쉬워지며, 건축하는 과정에서 불필요한 갈등이 없습니다. 일단 건축이 시작되면 시공자를 믿어야 합니다. 건축을 맡긴 건축주와 건축을 시행하는 시공자 사이에 절대적인 신뢰가 필요합니다. 또한 건축하는 과정에서도 설계도는 변경 가능합니다. 그러나 설계도가 변경되면 시간과 경비가 더 많이 소요됩니다.

믿음은 인생의 설계도입니다. 믿음대로 인생은 세워져 갑니다. 건강한 믿음은 건강한 인생으로, 큰 믿음은 큰 인생으로, 권세 있는 믿음은 권세 있는 인생으로, 구원 받을만한 믿음은 구원 받을 인생으로 세워갑니다. 어리석은 사람들은 자신들의 믿음은 살피지 않으면서 자신들의 인생을 불평합니다. 예수님께서는 인생의 변화를 꿈꾸며 나온 사람들에게 오직 한 가지 말씀을 하셨습니다. "네 믿음대로 될지어다."

인생을 바꾸기 원한다면 먼저 믿음을 바꾸어야 합니다. 믿음이 바뀌지 않으면 인생은 절대로 바뀌지 않습니다. 믿음만 바꾼다면 인생은 바뀝니다. 또한 그 믿음은 당신의 생각이나 의견에서 나온 것이 되어서는 안됩니다. 오직 하나님께서 약속하신 말씀에서 비롯된 믿음이어야 합니다. 아무것이나 자기의 생각에서 나온 믿음이라면 그것은 망상일 뿐입니다. 믿음을 완성시키시는 분은 오직 하나님이심으로, 하나님께서 우리에게 약속하신 것을 신뢰하고 흔들리지 않고 받아들이는 데에서 믿음은 결과를 산출해냅니다.

믿음의 집을 먼저 세우도록 하십시오. 그리하면 그 믿음의 설계도를 따라 인생이 되어질 것입니다. 하나님을 온전히 믿으십시오. 당신의 믿음의 설계도를 하나님의 약속에 따라 그리도록 하십시오. "네 믿음대로 될지어다."

2장 나를 빚으소서

이제 하늘 문을 여십시오.

당신의 마음에 하늘이 있게 하십시오.

그리고 그 보좌에 계신 주님을 향하여 부르짖으십시오.

당신의 기도가 사람을 향한 것이라면 사람이 듣겠지만,

분명 하나님을 향한 것이라면 하나님이 들으실 것입니다.

|빛을 비추라|

　사람은 빛이 아닙니다. 세상에는 한 가지 빛밖에 없습니다. 오직 예수 그리스도만이 세상의 빛이십니다. 예수님은 포도나무요 우리는 그 포도나무에 붙어있는 가지입니다. 가지에 붙어 있을 동안에는 포도나무입니다. 그러나 가지에서 잘려져 나가면 더 이상 포도나무가 아니라 죽어가는 막대기에 불과합니다. 반면에 보잘것없는 가지라 하더라도 포도나무에 붙어있으면 포도나무입니다. 포도나무가 근본이요 가지는 포도나무를 통하여서만 존재하는 것입니다. 예수 그리스도 안에 있을 때에 우리는 예수 그리스도와 하나가 됩니다. 그 생명이 내 안에 동일하게 역사하고, 그 부요함이 내 안에 역사합니다. 그리고 우리를 예수 그리스도 안에 있게 하는 것은 예수 그리스도를 믿는 믿음입니다. 우리가 예수 그리스도를 주와 하나님으로 믿으면 우리는 그분 안에 있는 것입니다.

우리는 아무리 부르짖어도 하늘이 열리고 바다와 땅이 분리되고 물고기와 새와 육축들이 생겨나지 않습니다. 병자는 일어나지 않고, 소경은 눈을 뜨지 못합니다. 그러나 예수님이 말씀하시면 이 일이 일어납니다. 왜 우리의 삶에서 예수 그리스도의 능력이 삶으로 나타나지 않을까요? 예수 그리스도를 비추이지 않기 때문입니다. 예수님이 빛이시고 우리는 그 빛을 비추이는 전등이며, 초일뿐입니다. 그러나 전등에 빛이 들어오면 전등은 더 이상 전등이 아니라 빛이며, 초에 불이 붙으면 초는 더 이상 초가 아니라 빛이 됩니다. 그때 빛의 역사가 나타납니다.

주님을 드러내고 나타내십시오. 그리하면 주님의 역사가 나타납니다. 그의 나라와 그의 의를 구하면, 그분이 일하십니다. 예수님의 능력을 증거하고 붙들면, 예수님의 능력이 나타납니다. 나의 어떤 것도 의지하거나 자랑하지 마십시오. 사람은 빛이 아닙니다. 오직 빛을 비추는 등입니다. 빛을 비출 때에 비로소 세상의 빛이 될 수 있고, 예수님의 능력을 나타낼 때, 예수님의 능력이 될 수 있고, 예수님의 진리를 담아낼 때 자유케 하는 진리가 됩니다. 빛을 담아내지 못하는 등은 한낱 물건에 지나지 않습니다. 예수 그리스도의 빛을 담아내지 못하는 사람은 한낱 흙에 불과합니다. 우리 안에 주님의 생명의 빛이 있을 때에만, 우리는 하나님의 자녀이며, 하나님의 능력입니다.

초는 아무 능력도 없으나 불만 붙이면 불이 되고, 불이 하는 모든 것을 합니다. 등은 아무 것도 아니지만 빛만 비추이면 빛이 되고 밝게 할 수 있습니다. 나는 아무 것도 아니지만 그리스도를 나타내면 그리스도만큼 크게 쓰임 받을 수가 있습니다. 수도는 물이 아니지만, 물을 담아냅니다. 나도 그리스도가 아니지만 그리스도를 담아냅니다.

예수 그리스도의 빛을 세상에 담아내는 삶에는 그 빛의 영광이 함께 합니다. 나를 나타내면 썩을 것이 나오고, 예수 그리스도를 나타내면 그분의 영광이 나옵니다. 예수 그리스도 안에서 그분의 빛을 담아내십시오. 당신은 예수 그리스도의 영광의 빛을 담아내는 등이며, 담아낼 때 '등불'이 됩니다. 그리스도의 불이 되십시오. 그리스도의 빛이 되십시오.

하나님이여 나를 빚으소서

역사상 가장 탁월한 조연 역할을 했던 사람은 세례자 요한입니다. 그는 예수님보다 6개월 앞서 제사장의 아들로 태어났습니다. 그는 제사장으로서 제도권 안에서 교육 받는 대신에 광야로 나왔습니다. 먹을 것과 입을 것과 배울 것이 다 갖추어진 곳을 떠났습니다. 세상의 율법이나 신분이나 탁월한 교육으로 만들어져 나온 사람이 아닙니다.

그는 제사장의 옷 대신에 하나님이 주신 옷을 입고, 제사장의 음식 대신에 거친 양식을 먹고, 사람의 가르침을 받는 대신에 광야에서 하나님을 만나 가르침을 받았습니다. 그는 사람이 키운 사람이 아니라, 하나님께서 만들어낸 사람입니다.

그는 연약한 세련됨 보다는 거친 강함이 있는 사람입니다. 하나님의 사람은 강의실에서 교육으로 되는 것이 아닙니다. 하나님의 사람은 광야에서 만들어져 갑니다. 하나님께 자신을 내어던져, 하나님께서 주시는 것을 입고 먹고 배웠습니다. 광야는 하나님의 은혜가 아니면 아무 것도 할 수 없는 곳입니다. 그는 오직 하나님께서 주시는 것을 받고 살았기 때문에, 그에게는 하나님만이 관심이었습니다.

세상에서 만들어진 사람은 세상에 대해서 큰 소리를 치지 못합니다. 세상에 익숙해있기 때문에 세상의 잘못을 깨닫지 못합니다. 오직 세상 밖에서 만들어진 사람만이 세상을 향하여 '회개하라'고 외칠 수 있습니다. 세례요한의 담대함은 세상 밖에 있었기 때문입니다. 그리스도인이 세상과 똑같이 살아가는데 어떻게 복음을 증거할 수 있겠습니까? 그리스도인의 담력은 세상과 다른 것을 좇아 살아갈 때 갖게됩니다.

세상에서 탁월한 사람이 복음을 전할 때 복음은 탁월하게 전하여질 수 있습니다. 그러나 더욱 큰 영광이 나타날 때가 있습니다. 세상의 탁월함이 전혀 없으나, 오직 그리스도의 순수함을 가진 사람, 거친 영성의 사람은 더욱 존귀하게 쓰임 받을 수 있습니다.

세례요한은 세상이 보기에는 거칠지만 하나님 보시기에는 너무나 깨끗하고 아름다운 사람이었습니다. 하나님께로 말미암아 만들어져 나오는 사람이 되십시오.

하나님께서 당신의 인생을 얼마나 사랑하시고, 귀하게 쓰시기를 원하는지 궁금하지 않습니까? 그렇다면 하나님께 한번 자신을 내어던져 보십시오. 파도에 자신을 내어던지는 사람만이 파도를 즐길 수 있습니다. 하나님의 손에 내어던지지 못하면 결코 그분의 능력의 크심을 알지 못합니다. 주님의 손에 내어던져 질 때, 우리는 주님을 확인할 수 있습니다.

|기도|

    기도는 상대가 있어야 합니다. 대화에 상대가 있어야 하는 것처럼, 기도는 들어 응답해주시는 분이 있어야 기도라고 할 수 있습니다. 다른 종교에서는 신을 상대하지 않고, 자신을 살피는 것을 기도라고 합니다. 그러나 우리는 세상의 주관자이신 하나님께 우리의 필요를 구하고, 도움을 요청합니다. 하나님을 상대하기 때문에 하나님의 응답이 있습니다. 신이 없이 자신을 상대하는 기도는 응답해주는 이가 없으므로 응답될 수가 없습니다. 예컨대 아무도 살지 않는 집을 두드리면서 "밥 좀 주시오"라고 한다면 무슨 일이 일어나겠습니까? 최소한 주인이 있는 집을 두드리면서 "밥 좀 주시오"라고 소리쳐야 응답이 오지 않겠습니까?

    기도는 상대가 정확해야 합니다. 그러므로 "하나님께 나아가는 사람은 하나님이 계신 것과, 하나님을 찾는 사람들에게 상주시는 이심을 믿어야 합니다(히11:6)." 기도는 정확하게 하나님을 향하여야 합니다. 은밀한 중에 기도할 것을 예수님께서 말씀하신 까닭도 여기에 있습니다. 기도는 사람을 대하는 것이 아니고, 사람의 한계 안에서 하는 것도 아니고, 하나님의 영역으로 들어가는 것입니다. 하나님의 능력 안으로 들어가는 것입니다. 그러니 기도할 때에는 하나님 외에 다른 것을 마음에 두어서는 안됩니다.

기도를 시작하는 것은 문제를 상대하지 않고, 하나님을 상대하는 것입니다. 왜 문제일까요? 자신이 감당할 수 없기 때문에 문제입니다. 그런데 여전히 그 문제를 자기의 능력과 지혜안에 두려고 하니, 근심과 염려가 자신을 괴롭힐 뿐입니다. 내가 할 수 없는 일이니, 일을 상대하지 말고 하나님을 상대하여 그 문제를 해결하도록 하십시오. 하나님의 손길이 그 일 위에 머무르도록 하십시오. 내 손이 하나님을 향하여 들려져 기도할 때에, 하나님의 능력의 손은 내 위에 머무르시고, 내 일에 간섭하십니다.

하나님께서는 우리가 하나님 편에 넘길 때까지 기다리십니다. 구할 때까지 기다리시고, 찾을 때까지 나타나지 않습니다. 두드릴 때까지 열지 않습니다. 하나님은 그 일을 통하여 나를 만나시고, 당신을 나타내시기 원하십니다.

기도하는 사람에게는 하늘이 있고, 기도하지 않는 사람은 하늘이 없기 때문에 기도할 수가 없는 것입니다. 기도할 때 하늘이 열리고,

기도하지 않으면 하늘이 닫힙니다. 기도는 오직 그 마음에 하나님의 보좌가 있는 사람만이 할 수 있습니다. 기도는 믿음이 없이는 할 수 없습니다.

기도는 하늘의 강물이 흘러오는 수로입니다. 수로가 막히면 어떤 것도 흘러오지 못하고, 수로가 열리면 하늘의 풍성함과 능력이 흘러들어옵니다.

이제 하늘 문을 여십시오.

당신의 마음에 하늘이 있게 하십시오.

그리고 그 보좌에 계신 주님을 향하여 부르짖으십시오.

당신의 기도가 사람을 향한 것이라면 사람이 듣겠지만,

분명 하나님을 향한 것이라면 하나님이 들으실 것입니다.

|주님을 만나다|

2천 년 전에는 예수님을 만질 수 있고, 들을 수 있고, 대화할 수 있는 분으로, 육체로 만날 수 있었습니다. 그러나 지금은 그와 같이 주님을 만날 수 없습니다. 지금 우리는 주님을 믿음으로 만납니다. 다른 표현으로 영으로 만납니다. 이 만남을 우리는 '주의 임재'라고 말합니다. 주님이 임하심을 실존적으로 느끼고 누리는 것입니다. 주님이 나와 함께 하심으로 나는 그분을 만나고, 은혜를 입고, 치료함을 얻고, 인도함을 받습니다. 주의 임재는 3가지 방면에서 가장 분명하게 나타납니다. 믿음과 기도와 예배입니다.

첫째로 믿음은 영적인 사건을 만들어냅니다. 우리가 주님의 임재를 믿을 때에 주님을 만나게 됩니다. 주님께 나아가는 자는 '그가 계신 것'을 믿어야 합니다(히11:6). 우리가 있다고 하면 있고, 없다고 하면 없는 것이 아닙니다. 그러나 있는 것이라 하더라도 우리가 있다는 것을 믿음으로 받아들이지 않으면 만나지 못합니다. 하나님은 언제 어디에나 계십니다. 그렇다고 우리가 언제나 주님을 만나는 것은 아닙니다. 우리가 그분이 계시다는 것을 믿을 때에 그분을 만나게 됩니다. 그 까닭에 주님은 말씀 가운데 '함께 하신다'는 약속을 많이 하셨습니다. 모세에게도 함께 하신다고 하시고, 여호수아에게도, 또한 제자들에게도 함께 하신다고 약속하셨습니다. 이 약속을 믿을 때에 우리는 그 시간, 그 자리에서 주님을 만나게 됩니다.

둘째로 기도를 통하여 우리는 하나님을 만나게 됩니다. 다른 표현으로 주님의 임재를 누리게 됩니다. 주님께 나아가는 자는 또한 '상주시는 이심'을 믿어야 합니다. 주님은 우리의 기도를 들으시고, 응답하십니다. 아무도 없어 보이는 문을 향하여 "주인장 계시요"라고 부르면 문이 열리고 "왜 그러시요"라고 대답하는 것처럼, 우리가 주님의 이름을 부를 때에 주님은 하늘 문을 여시고 우리를 만나주십니다. "하나님 아버지!"라고 부를 때에 하나님께서는 하늘 문을 여시고 우리에게 얼굴을 향하시고 "왜 그러니?"라고 만나주십니다. 기도는 개인적인 주의 임재하심에 대한 약속입니다. 주님은 기도하는 자리에 함께 머무시고, 우리에게 말씀하시고, 우리와 교제를 나누십니다. 그러므로 기도할 때에 우리의 간구만 일방적으로 고백하는 대신에, 주님의 응답에도 초점을 두어야 합니다. 기도하는 자리에서 주님의 임재를 느끼고 누리십시오.

셋째로 예배를 통하여 우리는 주님의 임재를 누리게 됩니다. "두 세 사람이 내 이름으로 모인 곳에는 나도 그들 중에 있느니라(마 18:20)." 주님은 두세 사람이라도 모여서 예배하는 곳에 함께 거하십니다. 예배하는 자리에 보좌로 임하시고 그 예배를 받으십니다. 심지어 주님께서는 이렇게 예배하는 자를 찾으신다고 말씀하셨습니다(요4:23). 이사야가 하나님께 제사를 드릴 때 그곳 성전에 하나님의 옷자락이 가득한 것을 보았습니다. 이처럼 우리가 예배하는 자리에 주님은 함께 계십니다. 그러므로 예배하는 자는 하나님의 임재를 누릴 수 있어야 합니다. 우리가 무엇을 하기 전에 주님께서 그 자리에 계시다는 것을 느끼고 누리는 것이 중요합니다. 우리가 주님의 임재를 누리게 될 때, 주님께 합당하게 받으실만한 예배를 드릴 수 있습니다. 받는 이가 없는 예배를 어떻게 드리며, 보지 못하는 이에게 어떻게 나아가겠습니까?

주님을 만나면 모든 문제는 해결됩니다. 주님을 만나는 것이 가장 중요한 일입니다. 주님을 만나기 전에는 내 형편과 내 가능성이 중요한 문제가 됩니다. 그러나 주님을 만나면 그것은 아무런 문제가 되지 않습니다. 주님의 임재를 누리지 못하는 예배와 기도는 내게는 그저 공허한 것일 뿐입니다. 주님을 만납니다. 기도로, 예배로 주님을 만납니다.

우리가 얻은 구원은 예수 그리스도를 믿는 믿음을 통하여 하나님께 선물로 받은 것입니다. 예수님은 십자가에서 우리를 대신하여 죽으셨습니다. 우리의 죄를 대신하여 저주 받으셨고, 질병을 대신하여 지시고 고통 당하셨으며, 우리의 죽음을 대신하여 죽으셨습니다. 우리의 구원은 예수 그리스도의 피로서 값을 치르고 산 것입니다. 그리고 우리에게 새로운 생명을 주셨습니다. 새로운 인생, 새로운 시간, 새로운 꿈... 모든 것이 새로운 것입니다. "이전 것은 지나갔으니 보라 새 것이 되었도다(고후5:17)."

우리가 믿음을 통하여 구원을 받았다면, 지금 내 것은 전부 '예수님의 것'입니다. 정말로 우리가 새 생명을 받았다면, 그 생명은 내 생명이 아니라, 예수님의 생명입니다. 또한 예수님의 생명이라면 예수님을 위해 사용해야 합니다. 지금 내가 가진 모든 것이 예수님의 것이라는 믿음이 없다면, 우리가 예수님을 통하여 구원받았다는 믿음도 또한 거짓입니다. 예수님의 생명으로 값을 주고 산 것이 되었다면, 우리에게 있는 모든 것은 예수님의 것입니다.

내 시간도, 내 인생도, 내 꿈도, 내 몸도... 모든 것이 다 예수님의 것입니다. 예수님이 피로서 값을 주고 사셨기 때문입니다. 샀다는 것은 사신 분의 소유가 되었다는 뜻입니다. 우리는 예수님의 소유가 되었습니다. 그러므로 성도는 예수님을 위해서 살아야 합니다.

내 기분, 내 생각, 내 뜻, 내 아픔... 이것은 중요한 것이 아닙니다.

만약 이것들로 살아간다면 그는 새생명의 사람이 아닙니다. 새생명은 예수님의 것임으로, 예수님의 뜻과 꿈으로 살아갑니다.

우리는 예수님을 '주님'이라고 부릅니다. '주인님'이라고 부릅니다. 내 인생을 살지 않고, 주님이 새롭게 주신 인생을 살겠다는 고백입니다. 그러므로 초대교회 성도들의 삶은 이러했습니다. "우리 중에 누구든지 자기를 위하여 사는 자가 없고 자기를 위하여 죽는 자도 없도다(롬14:7)." 예수님을 믿음으로 구원을 받은 사람은 예수님을 위한 인생을 살아갑니다. 예수님의 생명을 살도록 하기 위해서 주님께서는 생명으로 값을 지불하시고 우리를 사셨습니다.

"우리가 살아도 주를 위하여 살고 죽어도 주를 위하여 죽나니 그러므로 사나 죽으나 우리가 주의 것이로라(롬14:8)." 예수님을 믿음으로 얻은 새생명은 예수님의 인생을 살아야 합니다. 아니 새생명이 새로운 인생을 사는 것은 너무나 자연스러운 일입니다.

예수님이 주신 인생을 삽시다. "이제는 내가 사는 것이 아니라, 내 안에 그리스도께서 사신 것이라(갈2:20)." 예수님 꿈으로 살고, 예수님 기쁨으로 살고, 예수님 능력으로 삽시다. 예수님을 위해서 씁시다. 재물도 시간도 건강도 모두 예수님을 위해 씁시다. 예수님 것이니 이것이 마땅합니다. 우리가 예수님을 통하여 구원을 받으면서 우리는 예수님의 것이 되었습니다.

덤비지 마십시오

누군가를 축복하려고 덤비지 마십시오. 당신 안에 하나님께서 담아놓으신 마음을 그대로 쏟아 축복하십시오. 설교하려고 덤벼들지 마십시오. 당신 안에 담아놓으신 말씀으로 담아내도록 하십시오. 기도하려고 하지 마십시오. 당신 안에 담아놓으신 하나님의 바램을 담아내도록 하십시오.

설교를 하려고 덤벼들 때가 있었습니다. 생각한 것밖에 이야기할 수 없고, 그것이 생각나지 않으면 머리 속이 하얗게 되더니 초조해지고 당황하게 되었습니다. 이제는 제 안에 하나님께서 담아놓으신 그 이야기를 담아내려고 합니다. 주시는 만큼 담아내고, 담긴 것이 없으면 마치면 됩니다.

기도하게 하신 분이 하나님이시니, 기도해야 할 내용도 우리 마음에 담아놓으십니다.

복음을 전하도록 하신 분이 하나님이시니, 무엇을 전해야 하는지 말씀도 담아놓으십니다. 예배하게 하신 분이 하나님이시니, 받고자 하시는 마음도 담아놓으십니다. 내가 무엇을 하겠다고 하는 것은 주님이 원하시는 바가 아닐 가능성이 높습니다.

예수님께서는 제자들에게 이런 말씀을 하셨습니다. "너희를 넘겨줄 때에 어떻게 또는 무엇을 말할까 염려하지 말라 그 때에 너희에게 할 말을 주시리니(마10:19)." 붙잡혀 가더라도 너희들이 무엇을 말하려고 하지 말고, 그곳에 가게 하신 주님께서 마땅히 해야 될 말을 그 마음과 입술에 담아놓을 것이니, 그것을 말하라고 하셨습니다.

> 하나님께서는 피할 길을 내시고 시험을 허락하시고,
> 먹을 양식을 준비하시고 광야로 인도하시고,
> 길을 준비하시고 홍해 앞으로 인도하십니다.
> 그러므로 두려움 없이 주께서 우리 안에 허락하신 것을
> 담아내도록 하십시오.

내가 하면 내가 원하는 것을 할 수 있지만, 주님께서 담아 놓으신 것을 하면 주님께서 원하시는 것을 할 수 있습니다.

하나님께서 천지를 창조하시던 셋째 날에 "천하의 물이 한 곳으로 모이고 뭍이 드러나라 하시니 그대로 되었습니다(창1:9)." 물이 한 곳으

로 모이고 뭍이 드러나는 것처럼, 기도할 때에 우리가 덤비지 않으면 뭍이 드러남과 같이 하나님께서 담아놓으신 기도할 것이 드러납니다. 설교할 때에도 덤비지 않으면 뭍이 드러남과 같이 하나님의 말씀이 마음 위로 떠오릅니다. 그것을 담아내도록 하십시오.

나를 부인하는 지혜

내 고집을 내려놓을 수 있게 되었습니다. 내 고집대로 되지 않으면 나는 얼마나 괴로워했는지 모릅니다. 내 뜻이 이루어지지 않을 때 나는 얼마나 마음 아파했는지 모릅니다. 그러나 이제는 내 고집을 내려놓을 줄 아는 지혜를 얻게 되었습니다. 고집 부려서 손해 많이 보았기 때문입니다. 고집 부린 결국은 언제나 열매가 좋지 않았기 때문입니다.

어렸을 때 사소한 일에 마음 상하면 엄마에게 시위하기 위해서 밥을 먹지 않았던 때가 있었습니다. 소위 삐져서 금식을 하는 것입니다. 그럴 때면 엄마가 항상 제게 해주시던 말씀이 있습니다. "삐져서 밥 먹지 않으면 너만 손해다."이제는 엄마가 제게 들려주시던 그 소리를 자녀들에게 합니다. 자녀들이 삐져서 먹지 않으면 엄마가 했던 것처럼 말해줍니다. "삐져서 밥 먹지 않으면 너만 손해다."

어렸을 때 이런 일을 충분히 겪어본 사람은 어른이 되어서 삐지지 않습니다.

나를 부인할 수 있게 되었습니다. 내 마음 속에 있는 것들을 들여다 볼 줄 알게 되면서, 내 뜻이 이루어지지 않을 때 왜 내가 그렇게 힘들어하는지 알게 되면서, 내 뜻대로 되지 않은 것을 감사할 줄 알게 되었습니다. 내 안에는 너무나 악한 것들이 많이 있음을 깨달으면서, 그 욕심이 주장하는 대로 이루어지지 않을 때 오히려 감사하게 되었습니다.

내가 가고 싶은 곳에 가서 얻게 되는 것은 성취감 밖에는 없었습니다. 그러나 내가 가고 싶지 않음에도 가야 했던 길이 있었습니다. 그 길을 갈 때 훨씬 더 많은 것을 얻었습니다. 내 속에 있는 미움도 볼 수 있고, 내 안에 외로움도 볼 수 있고, 내 안에 있는 아픔도 볼 수 있게 된 때는, 가고 싶지는 않지만 가야만 하는 길을 갈 때였습니다.

밖에 있는 것들을 민감하게 볼 때에는 나를 부인하기가 쉽지 않았습니다. 그러나 이제 내 안에 있는 것들, 내 마음의 반응들, 내 마음을 움직이는 원인들을 발견하면서 '나'를 버리고 싶다는 생각을 많이 합니다. 이제 세상에 대한 눈이 어두워지면서 내면의 눈이 밝아지기 때문입니다. 나에게 많이 실망해가면서 나를 부인할 수 있게 된 것입니다. 내가 스스로 흡족해하는 부분이 줄어들고 주님으로 만족하는 부분이 많아지면서, 나를 내려놓는 것이 점점 쉬워짐에 감사합니다.

이제 세상에 대해서 충분히 실망했습니다. 그리고 내 자신에 대해서도 충분히 실망했습니다. 그러니 나를 부인할 수 있게 된 것입니다. 이제 주님께 내 삶을 맡길 수 있게 된 것입니다. 나는 연약할수록 그리스도로 더욱 강해져 갑니다. 나는 미련해질수록 그리스도로 더욱 지혜로워져 갑니다. 이제 다른 사람의 말에도 귀를 기울일 줄 아는 지혜를 점점 배워갑니다.

성도, 성령의 나타남

성부 하나님은 아들을 통하여 세상에 보이셨습니다. 아들의 목소리는 아버지의 목소리였고, 아들의 십자가는 아버지의 사랑이었고, 아들의 부활은 아버지의 생명이었습니다. 예수님은 아버지 하나님을 온전히 나타내셨으므로, "나를 본 자는 아버지를 보았다(요 14:9)"고 말씀하셨습니다. 말씀이 육신이 되었고, 의미는 소리가 되었고, 계획은 실천되었습니다. 이것이 예수님의 삶이었습니다.

성자 예수님께서 생전에 하시던 일은 그분의 영이신 성령님을 통하여 세상에서 계속되고 있습니다. 예수님은 승천하시면서, 예수님의 지상 사역을 각 사람들에게 적용시키시기 위하여 성령님을 보내셨습니다. 예수님은 '진리'이시고(요14:6), 성령님은 '진리의 영'이십니다(요14:17). 예수님은 육체로 제자들과 함께 하시고, 도우시고, 인도하셨습니다. 이제는 이 일을 성령님께서 영으로 우리에게 이 일을 행하십니다. "보혜사 곧 아버지께서 내 이름으로 보내실 성령 그가 너희에게 모든 것을 가르치시고 내가 너희에게 말한 모든 것을 생각나게 하시리라(요 14:26)."

성자 예수님이 '성부 아버지의 나타남'이셨던 것처럼, 성도는 '성령님의 나타남'이 되어야 합니다. 그러므로 성도는 모든 일을 행하되 '성령의 나타남'(고전2:4, 고전12:7)으로 해야 합니다. 성령님께서는 성도들을 통하여 복음을 전하시고, 치유하시고, 교회를 세우십니다.

하나님은 이제 우리 안에 영으로 거하시고, 영으로 말씀하시고, 영으로 가르치십니다. 성도는 하나님의 영이신 '성령의 집'입니다. '하나님의 거처(요14:23)'입니다. 성령님께서는 완성된 예수 그리스도의 구원 사역, 즉 '복음'을 성도 안에서 적용시키십니다. 목소리로 성령님을 담아내면 하나님의 말씀이 될 것이고, 머리 위에 올려진 손으로 그분을 담아내면 치유하는 능력이 될 것이고, 예배로 그분을 담아내면 성전이 될 것입니다.

성도는 얼마나 존귀합니까? 하나님의 영을 담아내고, 그분의 통로가 되어 드리고, 그분의 몸이 되어 드리니 참으로 존귀한 존재입니다. 세상이 능히 받지 못하는(요14:17) 성령의 전으로 쓰임 받는 것은 영광입니다.

세상의 많은 사람들이 자신을 나타내려고 하다가 좌절을 경험하

고 힘들어 합니다. 자신을 살아가면 반드시 죽을 것이로되, 예수 그리스도와 복음을 위하여 자기를 버린 사람은 영원히 살게 됩니다. "누구든지 자기 목숨을 구원하고자 하면 잃을 것이요 누구든지 나와 복음을 위하여 자기 목숨을 잃으면 구원하리라(막8:35)." 자기를 방어하려다가 마음의 상처를 받고, 자기를 자랑하려다가 스스로 외로워지고, 자기를 불쌍히 여기다가 우울하게 되는 것이 인생입니다. 그러나 감사하게도 성도들은 예수 그리스도와 복음을 위하여 살다 핍박을 당하여도 감사하고, 피곤하여도 감사하고, 다른 사람들이 알아주지 않아도 감사합니다.

그리스도 예수를 살아가고자 하는 사람은 죽어도 살고,

살아도 영원히 살게 되니,

이제는 모두가 예수 그리스도를 살아가야 하지 않겠습니까?

맡기시고 안심하세요

주님을 믿는다는 것은 마음 놓고 맡기는 것입니다. 하나님을 믿는다는 것은 하나님께 인생을 마음 놓고 맡긴다는 것입니다. 하나님께 인생을 맡기고 걱정하지 않습니다. 교회생활의 기본은 하나님을 믿는 것입니다. 하나님께서 내 인생을 지키실 것을 믿기 때문에 불안하지 않고, 내 인생을 인도하심을 믿음으로 방황하지 않으며, 내 장래가 주께 있으니 근심하지 않습니다.

자녀들을 키우다가 때로는 원하는 대로 자라주지 않은 것 때문에 실망스러울 때가 있습니다. 자녀들을 하나님께 내어 맡기지 못해서 불안하고 걱정합니다. 하나님께 자녀를 완전히 내어 맡긴 사람은 걱정 대신에 기대합니다. 하나님께서 빚어내신 자녀의 모습이 기대가 됩니다. 내가 자녀를 맡으면 불안과 염려입니다.

자녀들이 자라는데 가장 큰 장애물이 바로 부모라는 생각이 들

때가 많습니다. 내 방식대로 자라지 않는다고 안타까워하고 때로는 자녀와 불화합니다. 둘째 아들이 군대생활을 하면서 더욱 깊이 이러한 사실을 깨달아가고 있습니다. 아들을 위해서 할 수 있는 것이 없게 되고보니, 아들에게 긍휼한 마음이 더하고 더욱 사랑스럽습니다. 내 손에서 떠나보내고 나니 아들과의 관계가 더욱 가까워지고, 또 그 아들도 더 아름다운 모습으로 성숙하여 갑니다. 내가 어떻게 해보겠다는 생각이 아들을 망치는 경우가 많습니다. 자녀들을 위해서 무책임하게 아무 것도 하지 말라는 이야기가 아닙니다. 하나님께 내어 맡기고, 축복하고 기대하십시오. 하나님께서 어련히 잘 알아서 하시지 않겠습니까? 내 자녀도 하나님의 자녀라는 사실을 잊지 마십시오. 하나님께서 나를 인도하심과 같이 내 자녀도 인도하십니다.

부교역자들에게 일을 맡기는 경우가 있습니다. 때로는 맡기고 잊어버립니다. 잘 해낼 것을 믿기 때문에 안심하고 잊어버립니다. 이것이 믿음입니다. 그러나 때로는 불안합니다. 일을 잘 해내지 못할 것 같아서 다시 챙기고 물어보곤 합니다. 이것이 불신입니다. 믿지 못하니 불안하고 초조합니다. 우리의 인생을 주님께 내어 맡기시고 안심하십시오. 하나님께서 우리의 인생을 잘 만들어 가실 것입니다. 하나님을 믿으십시오.

하나님을 믿는다면 걱정하지 마십시오. 안심하십시오. 하나님께서 잘 알아서 내 인생을 인도하실 것입니다. 지금 당장 걱정스러워 보이는 부분이 있더라도 그것까지 맡기고 기다려 보십시오. 잘 될 것입니다. 하나님께서 하시는 일이니 얼마나 잘 되겠습니까? 지금 당장 마음에 들지 않는 일이 일어나더라도 걱정하지 마십시오. 하나님이 합력하여 선이 되게 하실 것입니다. 모든 것을 하나님께 내어 맡기십시오. 하나님께서 행하실 것입니다. 하나님께서 독생자 아들만큼 사랑하신 하나님의 자녀들을 어련히 잘 알아서 인도하시지 않겠습니까? 믿고 평안하십시오. 믿음 생활은 이처럼 맡겨서 행복한 것입니다.

|당신이 모르는
행복한 비밀이 있습니다|

1. 하나님께서는 당신을 용서하셨다는 사실입니다(엡4:32).

2. 하나님께서는 당신을 찾아오셨다는 사실입니다(롬5:8).

3. 하나님께서는 당신에게 천국을 유업으로 주셨다는 사실입니다
   (약2:5).

4. 하나님께서는 당신을 기뻐하시고 사랑하신다는 사실입니다
   (요일4:10).

5. 하나님께서는 당신에게 복 주시기를 원하신다는 사실입니다
   (민6:24-26).

6. 하나님께서는 당신에게 영생을 주셨다는 사실입니다
   (요3:15-16).

7. 하나님께서는 당신을 자유케 하셨다는 사실입니다(요8:32,36).

당신이 용서 받았다는 것을 몰라서 죄책감에 사로잡혀 있는 것입니다. 당신이 하나님의 자녀라는 것을 몰라서 세상에 붙잡혀 살아가는 것입니다. 당신에게 하나님의 복이 임하였다는 것을 모르니 자신을 불행하게 생각합니다. 이 비밀은 감추어있던 것인데, 예수 그리스도를 통하여 우리에게 선명하게 나타났습니다. 예수님은 이렇게 말씀하십니다. "네 죄사함을 받았느니라", "깨끗하여졌으니", "정죄하지 아니하노니"... 이것이 우리의 진짜 모습이라고 말씀하셨습니다.

'세상이 말하는 당신'에게 속지 마십시오. 하나님이 말씀하시는 당신이 진짜 당신입니다. 세상은 당신을 잘 알지 못합니다. 세상의 기준으로 당신을 보기 때문에 당신을 '가난하다', '불행하다' 말합니다. 세상은 당신을 붙잡고 계시는 하나님의 손길을 보지 못하기에 당신을 불행하다고 말합니다. 세상은 당신 안에 있는 영생을 보지 못하기 때문에 '초라하다'고 말합니다. 세상의 평가를 거절하십시오. 그리고 하나님이 말씀하시는 당신을 붙잡으십시오.

당신은 거지가 아니라 왕자입니다. 당신이 믿음을 가지고 왕궁에 들어가면, 왕궁의 문이 열리고 왕궁의 모든 것이 당신의 것이 됩니다. 그러나 당신이 왕자라는 사실을 받아들이지 못하면 당신은 왕궁을 가지고 있으면서도 거지로 살아갈 것입니다.

하나님의 구원이 이미 이르렀으니 당신이 할 것은 아무 것도 없습니다. 오직 하나님의 나라를 받아들이면 됩니다. 이것이 믿음입니다. 이것이 사실이기 때문에 '믿음은 바라는 것들의 실상이요, 보이지 않는 것들의 증거입니다.'

저는 오랜 동안 하나님께 죄용서 받으려고 무엇인가 하려고 했습니다. 복을 받으려고 무엇인가 하려고 힘써야 했습니다. 인생을 바꾸기 위해서 무엇인가 하려고 했습니다. 그러나 지금은 그렇지 않습니다. 오직 하나님께서 제게 이루신 일들, 제게 주신 것들을 그냥 받아들입니다. 그런 줄로 알고 살아갑니다. 하나님께서 '용서하셨다'고 하시니 '용서 받은 줄로 알고 살아갑니다.' 하나님께서 '함께하신다' 하시니 '함께 살아갑니다.' 믿음은 성취하는 것이 아니라, 누리는 것입니다. 내가 무엇을 하려고 하면 그것은 '내가 만든 것'이지 '하나님께서 주신 것'은 아닙니다. 그냥 하나님을 살아갑니다. 천국을 받아들입니다. 이것이 놀라운 믿음의 비밀입니다. 이것이 복음입니다.

기적에 열린 마음

믿음이 살아있다는 것은, 하나님이 살아계심을 믿는 것입니다. 하나님이 살아계심을 믿는다는 것은 지금 이 순간에도 우리의 삶에 구체적으로 개입하고 계심을 믿는 것입니다. 아브라함에게 행하셨던 일들을 동일하게 우리에게 행하시고, 지금도 우리가 소위 기적이라고 말하는 놀라운 일들이 하나님을 통하여 우리에게 일어나고 있습니다. 이것을 인정하고, 나의 삶에 이러한 일들이 일어나기를 소망하고 기대하는 마음을 갖는 것이 살아있는 믿음입니다.

비가 오지 않기를 간절히 기도한 즉 3년 6개월 동안 비가 내리지 않게 하였던 엘리야 선지자는 우리와 성정이 같은 사람인 것을 주님은 말씀하셨습니다(약5:17). 지금도 엘리야의 믿음이 있다면 그러한 일을 보리라는 약속입니다. 예수님께서 우리에게 보여주셨던 그 놀라운 역사들은 우리가 하나님을 믿을 때 보게 될 영광들입니다. 하나님의 자녀들이 하나님을 온전히 신뢰하고 살아갈 때, 경험하게 될 세상을 우리에게 보여주셨습니다.

하나님께서는 어느 때나, 어디에서나, 어떤 방법으로든지 일하십니다. 성도는 하나님의 행사에 대해서 열린 마음을 가져야 합니다. 우리의 생각이나 경험 속에 하나님을 가두지 않도록 해야 합니다. 하나님은 나의 생각과 경험보다 크십니다. 믿음의 세상은 보이는 세상보다 큽니다.

과학과 기적은 어떻게 구별될까요? 사람의 이성으로 설명할 수 있으면 과학이라 하고, 설명할 수 없는 것을 기적이라고 합니다. 그런데 과거에는 설명할 수 없었던 것들이 지금은 과학으로 설명해내는 많은 현상들이 있습니다. 우리가 설명할 수는 없으나 의심하지 않고 받아들이는 일들이 얼마나 많습니까? 기적을 살아가면서 기적에 닫힌 마음을 가진다면 참으로 미련한 일입니다.

"내가 능히 이 일 할 줄을 믿느냐?(마9:28)"는 질문에 "주여 그러하오이다" 라고 대답했던 맹인과 같은 믿음이 있다면, 우리는 매일의 삶에 하나님을 경험하는 놀라운 은혜를 발견할 것입니다. 주께서 그 일 행할 줄을 믿는 믿음, 이것이 곧 기적에 열린 마음입니다.

우리는 세상에 하나님을 경험하러 왔습니다. 하나님의 능력과 사랑을 경험하면서 우리는 하나님을 향한 믿음을 키워갑니다. 또한 그 믿음 안에서 하나님을 경험합니다. 하나님은 우리가 경험하는 분입니다. 하나님이 성경에서 나와 우리의 삶이 되게 하는 것은 우리의 믿음입니다. 하나님은 살아계십니다. 지금도 우리에게 하나님을 경험하게 하십니다.

기적을 향한 열린 마음은 오직 하나님의 살아계심을 믿는 성도만이 가질 수 있는 마음입니다. 성경 말씀에 나타난 많은 기적들은 일차적으로 실제 일어난 사건입니다. 이 말씀은 우리에게 단순히 교훈을 주기 위한 말씀이 아니라, 우리에게 하나님을 경험시키기 위해 주신 말씀입니다. 우리가 하나님의 놀라운 일 행하심에 대해 마음을 열고, 받아들이고, 기대하고, 기도할 때에만 하나님을 경험합니다.

죄를 다스리라

  범죄의 욕망을 이기려는 몸부림 없이는 죄를 이길 수가 없습니다. 마귀는 대적하는 것이요. 죄의 욕망은 이겨야 합니다. 사소한 범죄에도 마음 아파하고, 괴로워하는 마음이 없다면 죄를 떨쳐버릴 수 없습니다. 물고기 두마리와 보리떡 다섯조각이 없으면 오천명을 먹이는 기적이 없습니다. 죄악의 욕망을 이기고자 하는 나의 의지와 노력은 지극히 작은 것이지만, 이것이 드려질 때 그곳에서 하나님의 은혜와 능력이 나타납니다. 우리가 마땅히 드려야 할 물고기 두마리와 보리떡 다섯조각을 드리지 않는다면 우리는 어떤 죄의 욕망도 이길 수 없습니다.

  세상에 너무 깊이 빠져 살다보면 죄를 지으면서도 죄책감을 전혀 느끼지 못하는 경우가 많습니다. 세상이 당연하다고 여기니, 그냥 성도들도 당연하게 깊은 생각 없이 죄에 참여하는 경우가 많습니다. 성도는 자신의 삶을 조사해야 합니다. 세상에 둔감하고, 양심과 성령에 민감해야 합니다. 작은 죄라도 용납하지 않으려는 마음이 있어야 죄악으로부터 우리를 정결하게 지킬 수 있습니다.

"너희는 거룩하라 이는 나 여호와 너희 하나님이 거룩함이니라(레19:2)." 하나님께 나아가는 것, 믿음이 성숙하는 것은 거룩한 변화를 통하여 나타납니다. "너희는 이 세대를 본받지 말고 오직 마음을 새롭게 함으로 변화를 받아 하나님의 선하시고 기뻐하시고 온전하신 뜻이 무엇인지 분별하도록 하라(롬12:2)." 점점 하나님에 대하여 살아가고, 죄와 세상에 대해서 죽어가는 것이 거룩한 변화입니다.

남녀가 부부가 된다는 것은 서로에 대한 순결을 지킬 약속 안에서 만나는 것입니다. 결혼 후에도 배우자는 상대방을 향한 순결을 지켜야 합니다. 교회와 성도는 신랑이신 예수 그리스도를 기다리는 신부입니다. 신부는 신랑을 맞기 위해 자신을 순결하게 지켜야 합니다. 그리스도를 향한 순결은 거룩함입니다. 세상과 죄악에 자신을 더럽히지 아니하고, 오직 그 안에 예수 그리스도만으로 채워가는 것이 거룩함입니다. 그리스도의 신부는 날마다 신랑 앞에 입고 갈 세마포 옷을 빨아야합니다.

범죄한 가인에게 하나님께서는 이렇게 말씀합니다. "죄가 너를 원하나 너는 죄를 다스릴지니라(창4:7)."

죄를 내가 다스리지 않으면 죄가 나를 다스립니다. 죄를 피하지 말고, 책망하고 대적할 때, 죄를 다스리게 됩니다. 행함이 없는 믿음은 죽은 믿음입니다. 거룩함을 잃은 성도는 주님을 떠난 성도입니다. 거룩함은 악한 일을 행하지 않는다고 이루어지는 것이 아닙니다. 빛이 비추일 때에는 어둠이 없는 것처럼, 거룩함을 향한 일에 참여해야 합니다. 성도는 말씀과 기도로 거룩하여 갑니다(딤전 4:5). 또한 주의 일에 적극 참여하십시오. 헛된 공상과 유혹에 빠질 시간들을 거룩한 일로 채우십시오. 경건을 실천하십시오. 경건은 금생과 내생에 약속이 있습니다(딤전4:8).

네 믿음이 너를 구원하겠느냐?

성령 충만한 사람은 "선 줄로 생각하거든 넘어질까 조심하라"는 말씀처럼, 언제나 부족한 자신의 모습을 살핍니다. 작은 불순종에 마음 아파하고, 작은 티와 흠에도 괴로워합니다. 이것을 성경에서는 '하나님 뜻대로 하는 근심'이라고 말합니다. 이 근심은 우리로 구원에 이르는 회개를 하게 합니다. 이 회개를 통하여 더욱 정결하여 갑니다. 그러나 멸망하는 사람들은 그들 마음에 언제나 '평안하다! 평안하다!'합니다. 마음이 무디어져 죄악의 심각성도 잃고, 영이 둔감하여 성령의 탄식도 깨닫지 못하면서도 여전히 자기가 구원 받은 백성이라고 착각하고 살아갑니다. 말씀대로 순종하지 못하는 자신의 모습에 부끄러워하지도 않습니다. 이것은 평안한 상태가 아니라, 죽어가는 현상입니다.

성도는 언제나 자신의 믿음을 시험하여 보아야 합니다. 자신의 행동 하나 마음 하나도 바꾸지 못하는 믿음이 살아있는 믿음이겠는지 생각해 보아야 합니다. 자신의 영혼을 구원할만한 믿음이 자신에게 있는지를 항상 질문해 보아야 합니다. 그리고 정결해야 합니다. 정결함의 열매가 없는 믿음은 죽은 믿음입니다. 이 죽은 믿음은 결코 자신을 구원하지 못합니다. 예수 그리스도의 구원의 은혜는 삶을 변화시킬 능력과 사탄의 유혹을 이길 능력입니다.

12년 혈루증으로 고생하던 여인에게 예수님께서는 "네 믿음이 너를 구원하였으니 평안히 가라(막5:34)" 말씀하셨습니다. 그 여인의 믿음이 구원 받을 만한 믿음이었기 때문에 구원 받았다는 말씀입니다. 이 질문을 우리는 자문해 보아야 합니다. "나의 믿음이 나를 구원할 만큼 큰 믿음인가?" 이 질문에 "아멘"이라고 대답할 수 있도록 살아야 합니다. 자신의 믿음이 자신을 구원할 만큼 크지 않다면 구원 받을 수 없습니다. 물론 이 믿음의 크기는 하나님만이 아십니다. 그러나 성도는 언제나 이 질문을 자신에게 던지며, 경건의 훈련을 해야 합니다.

구원은 오직 예수 그리스도를 믿음으로 얻습니다. 그런데 이 구원 얻는 믿음은 예수님에 대한 지적인 동의뿐만 아니라, 수고와 땀, 흘리는 눈물과 주를 기뻐함, 자기를 부인하고 십자가 지는 삶을 모두 포함하고 있는 것입니다. 지적인 동의에 이러한 것이 포함되지 않으면 죽은 믿음입니다. 자신을 구원하지 못할 믿음입니다.

조그만 유혹 하나도 이기지 못하고, 잘못된 습관 하나도 바꾸지 못하는 믿음으로 지옥 불에서 구원 받아 영생을 얻을 것이라고 생각해서는 안됩니다. 예수님께서 주신 구원이 나의 죄악된 모습에서도 구원하지 못하는데, 어떻게 더욱 무섭고 잔인한 지옥의 불구덩이에서 우리를 구원하겠습니까?

　　　　지금 자신에게 정직하게 물어보십시오.

　　　　이렇게 믿음생활해도 이 믿음으로

　　　　자신이 하나님의 진노와 심판의 불길에서 구원받을 수 있는지...

　　　　믿음으로 말미암은 구원은

　　　　장래의 언젠가 내가 얻게 되는 것이 아닙니다.

　　　　지금 그 믿음은 우리 안에서 역사하여,

　　　　주께 순종하게 하고 정결한 신부로 살게 합니다.

주인에 대한 오해

    잘못된 믿음은 잘못된 행동을 만들어냅니다. 마태복음25장은 우리에게 오해가 만들어낸 비극적 결과를 잘 보여줍니다. 악한 종은 주인을 오해하였습니다. "심지 않은 데서 거두고 헤치지 않은 데서 모으는 분(24)"으로 알았습니다. 그러나 그 주인은 그런 분이 아니었습니다. 우리의 주인은 "사람이 무엇으로 심든지 그대로 거두게 하시는 분"입니다(갈6:7). 육체를 위하여 심는 자는 육체로부터 썩어질 것을 거두고, 성령을 위하여 심는 자는 성령으로부터 영생을 얻게 하십니다(갈6:8). 쌓은 악에서는 악이 나오고, 쌓은 선에서는 선이 나오게 하십니다. 복된 길을 가는 자에게는 복을 주시고, 저주의 길을 가는 자에게는 저주가 임하게 하십니다. 그 주인은 심지 않은 데에서는 거두지 않는 분입니다.

    낮을 주관하시는 것처럼, 하나님께서는 밤도 주관하십니다. 선을 행하는 자에게 상을 주시는 하나님께서는 악을 행하는 자를 저주하십니다. 우리가 믿음으로 말미암아 구원을 얻는 것을 믿는다면, 불신으로 말미암아 심판을 받는 것도 믿어야 합니다. 회개하는 자를 용서하시는 하나님을 믿는다면, 회개에 합당한 열매를 맺지 아니하는 사람은 영원한 불에 던지시는 분임도 믿어야 합니다. 이것이 스스로를 속이지 아니하고, 하나님을 속이지 아니하는 믿음입니다.

콩을 심으면 콩이 나는 것처럼, 엉겅퀴를 심으면 엉겅퀴가 납니다. 회개에 합당한 삶을 살아가지 아니하면 하나님은 반드시 그 사람을 찍어 지옥 불에 던져 넣으십니다. 믿음의 한쪽 편에는 반드시 하나님을 경외하는(두려워하는) 마음이 있어야 합니다. 하나님께서는 악을 행하는 것에 대해서는 반드시 보응하시는 분임을 인정할 때, 우리는 은혜의 보좌 앞에 나아가기를 힘쓰게 됩니다. 작은 악행이나 사소한 마음의 유혹들에 대해서도 민감하게 반응하고, 심판의 두려움으로 그 죄악을 예수님의 피로 씻어야 합니다. 씻어내지 아니하고서도, 용서 받을 수 있다고 생각하지 말아야 합니다. 남을 속이는 것처럼, 자신을 속일수도 있습니다. 그러나 하나님을 속일 수는 없습니다. 또한 우리가 자신과 남을 속이고 감사하고 기뻐한다고 한들 그것이 무슨 소용이겠습니까? 그것은 마치 웃으면서 지옥불로 들어가는 것과 일반일 뿐입니다.

두려움과 떨림으로 구원을 이루어야 합니다(빌2:12). 아무리 아름다운 미사여구로도 주인을 속일 수는 없습니다. 오직 악을 미워하고, 의를 행하며, 회개에 합당한 열매를 맺을 때 구원은 나에게 효력을 발생합니다.

은혜는 오직 구원의 길을 가는 자에게 주시는 선물입니다.

지금 내가 심는 것으로 하나님께서는 거두게 하십니다.

구원의 씨앗, 생명의 씨앗, 천국의 씨앗, 상급의 씨앗을

심어야 합니다.

그래야 합당한 열매를 얻게 됩니다.

아버지의 생명을 가진 아들

하나님께서는 사람에게 세가지 생명을 주셨습니다. 육체를 위한 육의 생명, 혼을 위한 혼의 생명, 그리고 영을 위한 영의 생명입니다. 이 생명이 떠나가면 그냥 흙으로 돌아갑니다. 하나님이 만드신 동물들에게는 육과 혼의 생명이 있습니다. 육의 생명을 통하여 몸이 움직이게 하시고, 혼의 생명을 통하여 정신이 작동하게 하셨습니다. 그런데 오직 사람에게만 하나님께서는 그 코에 생기를 불어넣으셨습니다. 그 생명은 곧 하나님의 생명인 영생이었습니다.

그러나 안타깝게도 사람은 범죄함으로 이 하나님의 생명인 영생을 잃게 되었습니다. 하나님의 생명이 없는 사람은 더 이상 에덴동산의 주인이 될 수가 없었습니다. 하나님의 생명을 가진 자만이 하나님 나라의 주인이 될 수 있기 때문입니다. 그 안에 하나님의 생명이 없으므로 사람은 하나님을 아버지라 부를 수 없게 되었습니다.

오직 하나님을 아버지라 부를 수 있는 사람은 그 안에 하나님의 생명이 있는 사람밖에 없습니다. 예수님이 하나님을 아버지라 부르셨던 것은 예수님 안에 하나님의 생명이 있었기 때문이고, 지금도 오직 하나님을 아버지라 부를 수 있는 사람은 그 안에 하나님의 생명이 있는 사람밖에 없습니다. 만약 그 안에 하나님의 생명이 없으면서 하나님을 아버지라 부르면서 예배한다면 거짓말하는 자요, 불법을 행하는 것입니다.

예수님께서는 바로 이 잃어버린 하나님의 생명을 우리에게 주셨습니다. 부활하신 예수님이 제자들을 향하여 숨을 내쉬면서 "성령을 받으라" 말씀하셨습니다. 마치 하나님께서 아담을 지으시고 그 코에 생기를 불어넣으신 것처럼, 제자들을 향하여 숨을 내쉬면서 생명의 영인 성령을 주셨습니다. 새로운 창조가 이루어진 것입니다. 하나님의 생명을 가진 아담에게 에덴동산을 주신 하나님께서는, 예수님의 생명을 가진 성도들에게 천국을 주셨습니다. 예수님을 믿고 그분의 영인 성령을 영접하여 들인 사람은 하나님을 아버지라 부를 수 있게 되었습니다. 하나님의 생명이 그 안에 있기 때문에 하나님을 아버지라 부르게 된 것입니다. 아무나 아버지라 또는 아들이라 부르지 않습니다. 오직 생명을 나눈 사람만이 아버지와 아들이 될 수 있습니다.

하나님을 아버지라 부를 수 있는 관계만 된다면 모든 것은 형통입니다. 아버지의 생명이 있는 아들은 아버지의 모습을 닮아가게 되고, 아버지의 모든 것을 누리게 됩니다. 아버지의 것이 곧 아들의 것이기 때문입니다. 예수님을 믿는 성도는 그 안에 하나님의 생명이 있는 까닭에 "나를 믿는 자는 나의 하는 일을 저도 할 것이요 또한 이보다 큰 것도 하리니(요14:12)" 하셨던 말씀을 살아갈 수 있게 됩니다.

육과 혼의 생명으로는 영생할 수 없습니다. 영생이란 하나님의 생명입니다. 성도가 살아가야 할 생명은 바로 이 하나님의 생명인 영생입니다. 영생하게 되는 것이 아니라, 영생을 얻게 되어 영생하는 것입니다. 아무리 가꾸고 고쳐도 영원히 살지는 못합니다. 그러나 그 안에 영원한 생명인 하나님의 생명이 있으면 영생합니다.

성도들이 이 영생을 살아갈 때 영생의 열매가 맺히게 됩니다. 어떤 이들은 육의 생명을 살아가려고 힘을 쓰고, 어떤 이들은 혼의 생명을 살아가려고 힘을 씁니다. 성도는 영의 생명인 하나님의 생명, 영생을 살아갑니다. 그때 그 생명의 능력이 우리를 하나님의 영광에 참여케 합니다.

|믿음과 생활|

　사회와 경제를 바라보는 두 가지 방법이 있습니다. 하나는 위에서 아래로 보는 거시적인 방법이고, 다른 하나는 아래에서 위로 보는 미시적인 방법입니다. 철학에서도 진실에 접근하는 두 가지 방법이 있습니다. 하나는 원리에서 내용으로 보는 연역적 방법이고, 다른 하나는 사례에서 원리로 나아가는 귀납적인 방법입니다. 어디에서 바라보느냐에 따라서 문제 해결 방법이 달라집니다.

　우리의 인생을 바라볼 때에도, 또한 하나님을 이해할 때에도 우리는 이와 같이 두 가지 방법을 사용합니다. 높은 산에서 아래를 바라보면 나의 삶에서 크게 보였던 문제들이 작게 보입니다. 또는 높은 산에서 내려와 나무와 풀들을 바라보면 그때 보이지 않던 놀라운 신비들이 나타납니다. 내려다보면 감사요, 올려다보면 찬송입니다.

장저 너머

위에서 아래로 바라보는 믿음은 힘이 있습니다. 삶이 힘들고 어려울 때에는 하나님이 어떤 분이심을 묵상하고, 그 하나님을 붙잡고 기도하며 승리하는 것입니다. 세상의 모든 것의 주관자 되신 하나님을 붙잡을 때, 삶의 문제를 내어 맡길 수 있게 되고, 크게 여겼던 문제들이 작아지고, 심각했던 일들을 가볍게 생각할 수 있게 됩니다.

아래에서 위로 바라보는 믿음은 감사와 인격이 있습니다. 나의 삶에 너무나 구체적으로 일하시며 교통하시는 하나님을 바라볼 때 우리는 하나님의 친밀함에 들어가게 됩니다. 바람 소리에도 풀잎의 움직임에서도 스스로를 살피고, 감사하는 마음을 갖게 됩니다. 여기에 믿음의 풍성함이 있습니다. 믿음의 행복이 있습니다.

믿음은 이 두 가지 모습을 다 가져야 합니다. 위에서만 바라보는 사람은 능력은 있으나 인격을 상실하기 쉽고, 아래에서만 바라보는 사람은 감사는 있으나 믿음의 동력을 상실하기 쉽습니다.

여름철 무더위가 한참일 때에 이 여름이 지나가지 않을 것 같습니다. 무더위에 빠져 있는 사람은 절망입니다. 그러나 높은 곳에서 더 넓게 보면 지금 무더위는 가을을 재촉하는 신호입니다. 우리가 문제에 너무 빠져 있다 보면 하나님의 크심을 잃고 절망하기 쉽습니다. 무더운 오늘도 여전히 가을은 다가오고 있습니다. 4계절 가운데 오늘을 볼 수 있다면 인내할 수 있습니다. 위에서 아래로 바라보는 믿음, 크신 하나님을 붙잡고 오늘을 이겨나가는 믿음은 우리로 인내하게 합니다.

또한 믿음이 공허한 부르짖음이나 이론에 그치지 않고, 인생이 되기 위해서 아래에서 위로 보고 살아가는 모습이 있어야 합니다. 생활을 떠난 신앙은 그림자를 잡는 것입니다.

위로 올라가 힘을 얻고, 아래로 내려가 감사합니다. 이것이 균형 잡힌 기도요, 건강한 믿음 생활입니다. 따라서 믿음생활은 믿음과 생활이 연결되어 있어야 합니다. 믿음은 생활이 되어야 하고, 생활은 믿음이 되어야 합니다. 위에서 집을 짓고, 아래에서 그 집을 채워야 합니다. 아래에서 주운 재료로 위에다 집을 지어야 합니다. 생활은 기도를 만들고, 믿음은 감사를 만듭니다. 이것이 성육신과 부활입니다.

그물을 넓게 치라

그물을 넓게 치십시오. 그물 안에 있을 때에는 내가 돌아볼 수 있지만, 그물 밖에 있을 때에는 내가 할 수 있는 일이 없습니다. 그물을 넓게 치면 그 안에 있는 고기가 많고, 그물을 좁게 치면 자기 마음에 드는 몇 사람만 그 그물 안에 남아 있을 뿐입니다. 이 사람은 이래서 안되고, 저 사람은 저래서 안된다면 아무도 그물 안에 남아 있을 수 없습니다.

1년에 한번만 교회에 나와도 그 사람은 내가 돌아보아야할 성도라고 생각하면, 그분을 위해서 기도하게 되고, 그를 향한 긍휼한 마음을 갖게 되고, 또한 사랑의 교제를 나누다 보면 그리스도의 사랑이 그분 안에 뿌리를 내리게 됩니다. 그러나 혹 그들은 제 그물 밖으로 내친다면 언제나 그들을 판단만하고 버릴 수는 있으나, 긍휼한 마음으로 그들을 돌아볼 수는 없습니다.

내 마음은 그물만큼 크고, 내 생각도 그물만큼 성숙합니다. 그물을 넓게 치면 마음도 넓어지게 되고, 생각도 깊어지게 됩니다. 또한 다른 사람을 판단하지 않고, 기다릴 줄 알고, 결국에서 그 열매를 먹게 됩니다. 열매 맺지 못하는 나무는 많지 않습니다. 대부분의 나무들이 열매를 맺으나, 열매 맺을 때까지 기다리지 못하여서 열매를 먹지 못하는 경우가 훨씬 많습니다. 1년생 나무도 있지만, 어떤 나무는 10년을 기다려야 열매를 딸 수 있는 나무도 있습니다. 그냥 그 나무를 열매 맺지 않는다고 찍어버리면 영원히 열매를 얻지 못하지만, 그래도 찍어버리지 않고 거름을 주고 돌아보다보면 때가 되면 열매를 맺습니다.

세상에서 장사하는 것도 그러하고, 사업도 그러하고, 사람을 사귐도 그러합니다. 넓게 내 이웃이라고 생각하면 언제가 웃는 모습으로 다시 만나지만, 나와 뜻이 같지 않다고 버려버리면 다시는 만날 수도 웃을 수도 없는 관계가 되고 맙니다.

지금은 아니지만 언젠가는 나의 친구가 될 사람, 나와 함께 일할 사람, 내 형제자매가 될 사람이라는 마음을 가지고 사람을 만나십시오. 기다리는 모든 과정은 그 사람이 '되어가는 과정'이 될 것입니다. 기다리는 시간도 결코 헛되지 않을 것입니다.

그물을 넓게 치십시오. 전도를 할 때에도 오늘 마음이 열리지 않았다고 조급해하지 마십시오. 내일도 모래도 있습니다. 그물을 넓게 치고 여전히 계속해서 그에게 복음을 전하십시오. 사랑하십시오. 때가 되면 열매를 맺게 됩니다. 장사를 하더라도 물건 팔아주지 않아도 웃음으로 사랑으로 보내십시오. 언젠가 당신의 웃음과 사랑이 그 발걸음을 다시 돌려오게 할 것입니다.

그물을 넓게 치고 사랑하려고 합니다. 오늘 당장 일이 일어나지 않아도 그물 밖으로 쫓아내지 않습니다. 내가 그물 안에 두는 한 결코 나를 떠나지 않을 것입니다.

몸으로서 교회

교회는 예수 그리스도의 몸입니다. 성도는 그 몸의 지체입니다. 몸이 먼저이고, 지체가 나중입니다. 또한 몸에 붙어있지 않은 지체는 이미 죽은 것입니다. 교회는 그리스도의 다스림과 그리스도와의 교통함이 있어야 합니다. 몸은 머리이신 그리스도의 다스림을 받아야 하고, 머리이신 그리스도와의 교통함이 있어야 합니다. 몸은 곧 머리이신 그리스도의 나타남입니다. 머리의 모든 생각은 몸을 통하여 표현되어지듯, 주님의 뜻은 교회에 계시되고, 교회는 그 계시대로 세상에 나타난 그리스도가 되어야 합니다.

사도 바울은 예수님을 박해한 적이 없으나, 예수님은 사도 바울에게 "나는 네가 박해하는 예수라(행9:5)"고 하였습니다. 사도 바울이 박해한 것은 교회였으나, 예수님은 그 박해가 곧 예수님을 향한 것이었다고 합니다. 교회는 그의 몸이기 때문입니다.

교회는 성도들의 영적 욕구를 채워주기 위한 곳이 아닙니다. 교회는 하나님의 뜻이 이루어지는 곳, 예수 그리스도의 의가 성취되는 곳입니다. 요즘 많은 모임들이 교회라는 이름으로 모여서 자기들만의 세상을 만들어가고 있다는 인상을 받습니다. 개인을 위한 기도와 공동체를 위한 기도는 많지만, 하나님의 나라와 그 의를 위한 기도가 없습니다. 지교회들을 세우고 부흥시키고자 하는 열심은 있으나, 하나님의 나라로서 교회를 세우는 방향을 잃은 경향들이 많습니다. 예수 그리스도의 몸인 교회를 세워야 합니다.

그리스도의 몸인 교회에 칼을 대는 일이 없어야 합니다. 교회를 나누거나, 거짓을 퍼뜨리거나, 세상적인 것들을 흘려보내는 것은 마치 몸 안에 독약을 주입하는 것과 같습니다. 성도들이 서로 갈등하며 용서하지 못하거나, 그릇된 교리를 전파하거나, 세상적인 욕심을 교회 안에서 성취하려는 것은 예수님의 몸에 다시 칼을 대는 것입니다. 몸이 온전하여 져야 합니다. 자기를 버리고 그리스도의 몸인 교회 안으로 들어가야 합니다.

교회를 위한 기도, 교회를 세우고자 하는 헌신, 교회에 순종하는 지체로서 성도가 있어야 합니다. 교회가 세워지면 성도는 지켜집니다. 성도 개개인이 자신의 신앙 개성만을 지키려고 한다면 교회는 세워지지 않습니다. 또한 신앙의 색깔이 같은 사람들만 모였다고 해서 교회가 온전히 세워진 것도 아닙니다. 오직 교회됨은 예수 그리스도의 다스림을 받음에 있습니다.

예수님이 죽음의 대가를 지불하고 세우신 교회는 영광스러운 교회입니다. 성도는 이 교회의 영광을 알 때, 교회 생활의 풍성함을 누리게 됩니다. 하나님 나라의 모든 영광과 샬롬이 이루어지는 곳, 성령의 인도함을 받아 아버지의 뜻이 이루어지는 곳, 죄사함 받은 성도들의 기쁨의 찬송이 쉬지 않는 곳, 주의 권능과 말씀이 임하는 곳... 이 영광스러운 교회를 성도들에게 주셨습니다. 세상의 욕심과 갈등으로 상처 받고, 나뉘어진 의견으로 갈리어지는 그러한 교회를 세우기 위해서 십자가를 지시지는 않았습니다.

사도 바울은 놀라운 하나님의 계시를 보았으나, 예루살렘에 있는 12사도를 만나 교제하기를 원하였습니다. 그는 자신의 계시로 인하여 교회가 갈리어지는 것을 원치 않았기 때문입니다. 그 까닭에 너무나 다른 이질적인 집단인 유대인과 이방인이 나누어지지 않고 그리스도 예수의 한 몸 안에 머물렀습니다. 모든 개인적인 계시와 은사들은 그리스도의 몸을 세우기 위한 것입니다. 지체는 있으나 몸이 없다면 교회가 아닙니다. 몸이 있고, 그 몸을 위해 봉사하는 지체가 있습니다. 몸이 있고, 그 몸을 통하여 머리이신 그리스도의 다스림을 받는 지체가 있습니다.

순수한 복음

  사도들과 초대교회 성도들은 우리가 지금 가지고 있는 성경을 갖지 않았습니다. 그럼에도 불구하고 그들은 예수님을 만났고, 구원을 얻었으며, 누구보다 어느 시대보다 더 뜨겁고 권능 있는 신앙생활을 하였습니다. 도대체 제자들은 무엇을 붙잡고 살았을까요? 그들이 알았던 것은 무엇이며, 그들이 전도하던 내용은 무엇이었을까요? 그들의 인생 전부를 포기할 만큼 기쁘고 행복한 것이 무엇이었을까요? 이것이 곧 복음입니다. 그들은 어느 누구도 알지 못했던 사실을 알았고, 그 사실을 받아들였으며, 그리고 즐거워했습니다.

  복음은 이것입니다.

  1) 하나님이 우리를 사랑하셔서

  2) 독생자 예수 그리스도를 통하여 우리의 모든 죄와 죄로 말미암은 결과들을 십자가에서 대신 감당하시고 처리하셨으며

3) 이 사실을 믿는 자는 구원을 얻으며

4) 하나님의 영이며, 예수 그리스도의 영을 우리에게 보내셔서 우리를 지키시고, 인도하시며

5) 주께서 재림하셔서, 믿음으로 살다가 죽은 자와 성도들을 죽음 가운데서 살리시어 영원한 하나님 나라(천국)에 인도하시어,

6) 영원토록 천국에서 하나님의 영광 안에서 거하게 하십니다.

이것이 예수님께서 우리에게 주신 선물입니다. 초대교회 성도들은 이 소식을 '복음'이라 하였고, 교회는 이 놀라운 구원과 해방의 소식을 세상에 증언하였습니다. 이미 주님께서 우리의 구원을 완성해 놓으셨음으로 우리는 믿기만 하면 됩니다.

복음은 하나님께서 우리에게 주신 선물입니다. 우리가 이 사실을 믿고, 그 믿음으로 살아가면 됩니다. 이 복음은 하나님의 능력입니다. 그러므로 복음을 믿는 이들에게는 하나님의 능력이 각양 기적과 병고침으로 나타납니다. 하나님께서는 이 복음을 우리 가운데 확증하여 나타내십니다.

우리가 예수님을 믿고, 예수님을 우리 안에 영접하면 이 모든 복음의 능력이 우리 안에 거하게 됩니다. 그런데 어떤 이에게는 이 복음이 능력이 되어 참으로 복된 인생이 되는가 하면, 어떤 이에게는 그렇게 놀라운 축복이 되지 않는 경우가 있습니다. 그 까닭은 믿음에 있습니다. 예수님께서 이루신 모든 구원을 강력한 믿음으로 받

고 살아가면 그 구원이 실제적으로 나의 것이 되지만, 그 사실을 믿음으로 받지 못하거나 그 믿음이 약하면 법적으로는 우리의 것이나 실제적으로는 그것을 누리지 못하게 됩니다.

마귀는 우리가 이 복음을 받지 못하도록 불신을 조장합니다. 우리의 경험이나 지식을 동원하여 이런 일이 일어날 수 없다고 거짓으로 우리를 속이려 합니다. 그러므로 성도는 경험이나 지식보다, 주님의 약속을 붙잡고 강력한 믿음으로 내 삶에 나타나도록 구해야 합니다. 그리고 실제적인 주인이 되어야 합니다. 주님께서 실제적으로 십자가에서 죽으신 것처럼, 실제적인 복이 우리에게 나타나야 합니다.

복음을 받아들이십시오. 그리고 믿되 강력하게 믿고, 실제적으로 누리십시오. 주께서 우리를 구원하셨습니다. 모든 죄의 결과로부터 우리를 구원하셨습니다.

"내가 복음을 부끄러워하지 아니하노니 이 복음은 모든 믿는 자에게 구원을 주시는 하나님의 능력이 됨이라(롬1:16)"

복음의 실재

　약의 효능을 알고 그 약의 효능을 믿는 것과 약을 먹는 것은 다른 문제입니다. 약의 효능을 알고 그 효능을 믿는 사람만이 약을 먹습니다. 그러나 아무리 그 약의 효능을 믿고 있다고 하더라도 그 약을 먹지 않는다면 그 약의 효능은 그에게 아무런 유익이 되지 못합니다.

　복음은 "예수 그리스도 안에서 우리에게 이루신 하나님의 구원입니다." 이것은 복음의 내용일 뿐입니다. 나에게 실제적인 구원이 일어나게 하는, 복음이 능력이 되어 나타나게 하는 것은 예수 그리스도십니다. 복음의 실재는 예수 그리스도입니다. 우리가 예수 그리스도를 믿음으로 받아들이고, 예수님의 영이 우리 안에 오실 때(요 1:12) 비로소 그 모든 복음의 내용들이 내게 실제적으로 적용되어 나타나게 됩니다.

그러므로 예수 그리스도 없는 복음은 심리적인 것뿐입니다. 자신이 모든 죄에서 용서받은 사람이라는 의식을 갖고, 자신이 하나님의 자녀라는 믿음이 있다고 하더라도, 예수 그리스도를 영접함이 없이 갖는 믿음은 그저 자신이 갖는 신념일 뿐입니다. 그 신념은 실제적인 것이 아니라, 심리적인 것일 뿐입니다.

또한 십자가 사건이 역사적 사건일 때, 십자가의 도가 하나님의 능력이 됩니다. 예수님께서 십자가 위에서 실제적으로 우리의 모든 문제를 감당하시고, 고난당하시고, 피 한 방울 물 한 방울까지 다 흘리시고 죽으셨습니다. 이 사건이 없다면 용서도 구원도 없습니다.

우리의 믿음은 단순한 자기 암시가 아닙니다. 그냥 잘 될 것이라는 자기 확신이나, 성공할 것이라는 근거 없는 믿음이 아닙니다. 우리의 믿음은 근거와 실재가 있습니다. 그가 찔렸기 때문에 우리의 허물이 용서를 받았고, 그가 상함으로 우리의 죄악에서 구원을 얻었으며, 그가 징계를 받았으므로 우리에게 주의 평안이 이르렀고, 그가 채찍에 맞았기 때문에 우리가 나음을 입은 것입니다(사53:5). 그리고 이 일을 행하신 주님이 내 안에 영으로 오셨기 때문에, 그분의 구원이 내게 적용되는 것입니다.

구원의 실재, 복음의 실재는 예수 그리스도십니다. 그분이 계실 때, 복음의 효력이 발생합니다.

그분이 우리 안에 계시다면 이 복음의 능력이 우리 안에 이루어 졌음을 믿습니다.

배부르다고 생각한다고 해서 배가 부르지는 않습니다. 음식을 먹 어야 배가 부릅니다. 음식에는 배부르게 하는 것이 있기 때문입니 다.

구원 받았다는 생각이 구원하는 것이 아닙니다. 구원을 이루신 주님이 우리 안에 계실 때에 구원이 이루어집니다. 구원과 복음의 실재이신 주님을 붙잡아야 합니다. 그리고 그 복음의 내용이 이루 어졌음을 믿어야 합니다. 그때 구원이 실제로 우리의 것이 됩니다.

예정과 열심

하나님께서는 사람을 먼저 구원하시고, 만들어가십니다. 만들어서 구원하시는 것이 아닙니다. 먼저 이스라엘 족속을 포도원으로 삼으시고, 그 가운데 극상품 포도나무를 심으시고 담과 울타리를 치시고 좋은 열매를 맺도록 경작하셨습니다. 그러므로 이미 주의 구원 안에는 성화나 영화까지 다 포함되어 있습니다.

우리의 구원이 하나님께 있다는 것이 복음이며 은혜입니다. 내 편에 구원을 두셨다면 우리는 언제나 불안과 초조함 속에 살아갈 것입니다. 그러나 구원이 주님께 있으므로 우리는 하나님과 하나님의 약속을 온전히 신뢰하고 그 안에 머물면 됩니다. 구원을 온전히 하나님께 두는 것은 그분을 온전히 믿는 것입니다.

종종 하나님께서 구원하실 자를 어떻게든 구원하심으로, 우리는 마치 그 일에 책임이 없는 것처럼 전도에 나태한 사람이 있습니다.

하나님이 나를 구원으로 예정하셨다고 하면 내가 어떻게 하든지 하나님께서 나를 인도하실 것이라는 잘못된 생각으로 게으름 속에 살아가는 사람들이 있습니다. 이것은 구원을 내게도, 하나님께도 두지 않는 불신입니다.

복음에는 열심히 있고, 예정에는 열정이 있습니다. 하나님께서 내 가정을 구원하시기로 예정하셨다고 믿는다면, 그렇기 때문에 나는 더욱 뜨겁게 예수님을 증거하게 됩니다. 사도 바울이 고린도에 머물 때에 주님께서는 환상 가운데 "이 성중에 내 백성이 많음이라(행18:10)"고 말씀하시면서 두려움없이 침묵하지 말고 말할 것을 명하셨습니다. 사도 바울은 그곳에 구원 받을 자가 많다는 이유로 게으르지 않고, 더욱 열심을 품어 전도하였습니다.

하만에 의해서 유대인들이 죽게 되었을 때, 모르드개는 왕후 에스더에게 이렇게 말합니다. "이 때에 네가 만일 잠잠하여 말이 없으면 유다인은 다른 데로 말미암아 놓임과 구원을 얻으려니와 너와 네 아버지 집은 멸망하리라 네가 왕후의 자리를 얻은 것이 이 때를 위함이 아닌지 누가 알겠느냐 하니(에4:14)" 유대인들의 구원은 작정되었는데, 그 하나님의 구원 계획에 참여하는 열심히 없다면, 오히려 그에게 화가 미칠 것이라는 경고를 한 것입니다. 누군가를 구원할 계획을 세우셨는데, 내가 그 일을 행하지 않는다면 그것은 하나님이 맡기신 사명을 감당하지 아니하므로, 좋은 포도 맺기를 원하는 하나님께 들포도를 맺어 드림과 같습니다.

　　모든 구원은 하나님께 있습니다. 구원 계획도, 구원 능력도, 구원의 시기도 하나님께 있습니다. 그러므로 혹 우리에게 구원에 대한 확신이 있다면, 나는 더욱 구원에 합당하게 살아가야 합니다. 그것은 하나님의 뜻을 더욱 명확히 알게 되었으므로, 더욱 열심히 순종하는 것입니다.

　구원을 주께 두십시오. 그리고 그 가운데 살아가십시오. 주의 뜻이 이루어짐을 믿고 그대로 살아가십시오. 이것이 주께 구원을 둔 성도의 모습입니다. 불안과 두려움 없이 믿음으로 그 안에 거하시고, 믿음으로 그대로 살아가는 것입니다.

익숙함의 축복

    산만 바라보며 산을 올라가지 않는 사람이 있습니다. 매일 우물로 가지만 물을 떠올리지 않는 사람이 있습니다. 건강 세미나는 가지만 건강해지지 못한 사람이 있습니다. 밖에 있는 것을 안으로 가져오지 못하는 사람들입니다. 산에 올라 경이로운 장관을 보았다면 가슴이 뛰고 감격한 마음이 있어야 하는데, 그냥 정보만 얻고 돌아서는 사람이 많습니다. 실제로 우리가 얻고자 하는 것은 그 경이로운 장관이 아니라, 그 장관이 내 마음에 생산해 내는 감격입니다. 우리가 얻고자 하는 것은 정보가 아니라, 그 정보가 내 안에서 만들어내는 '구원 받은 마음'입니다.

    "주의 이름을 부르는 자는 구원을 얻으리로다(행2:21)." 이 말씀은 우리가 익히 들어서 아는 익숙한 주님의 말씀입니다. 이 말씀을 들을 때마다 우리 안에 실제적인 구원이 일어나야 합니다. "주여!"

라고 부를 때, 근심이 변하여 감사가 되고, 절망이 변하여 소망이 되어야 합니다. 이때 "말씀이 내 귀에 응한 것입니다(눅4:21)."

주님은 예배 때마다, 기도할 때마다 실제적으로 이 구원이 우리에게 일어나게 하십니다. 예배에 익숙한 분들이 있습니다. 말씀의 내용도 알고, 분위기도 알고, 순서도 익숙합니다. 그러나 주님의 구원이 그 안에서 일어나지 않는 분들이 있습니다. 이런 분들은 마치 우물에서 빈 두레박만 끌어올리는 사람과 같습니다. 두레박은 내리는데, 아무 것도 퍼 올리지 못하고 빈 두레박만 내렸다 올렸다 하는 사람입니다. 이들에게는 오직 남는 것이 그저 '그 일을 했다'는 것밖에 없습니다. 빈 두레박만 끌어올리는 사람은 우물에 가는 것이 고역일 뿐입니다. 그러나 두레박에서 생수를 퍼 올리는 사람은 우물에 가는 것을 기뻐합니다(사12:3).

주님의 구원은 언제나 현재적입니다. "보라 지금은 은혜 받을 만한 때요 보라 지금은 구원의 날이로다(고후6:2)." 지금 구원이 일어나게 하십니다. 기도할 때 응답하시고, 예배할 때 만나주십니다.

'익숙함'은 축복입니다. 그러나 그 축복을 한꺼번에 잃게 하는 위험이 있습니다. 무슨 일에 익숙하다는 것은 깊이가 있다는 것입니다. 기능적으로 잘하는 것이 아니라, 무엇인가를 기능적으로 잘 수행하면서도 참 뜻을 알고 그 즐거움을 잃지 않는 것이 익숙함입니다. 성도가 예배에 익숙하다는 것은 예배를 드릴 때, 예배의 모든 과정에서 주님을 만날 줄 안다는 것입니다. 혹 우리가 예배에 너무 익숙해 있어서 말씀과 기도가 식상한 일이 되었다면, 그것은 너무나 애석한 일입니다. 두레박을 내리는데 빈 두레박으로 올리는 것과 같아서, 그것은 노동이지 예배가 아닙니다. 그곳에는 기쁨이 없습니다.

익숙한 만큼 두레박에 채워지는 것이 많아져야 합니다. 기도에도, 봉사에도, 예배에도, 교회에도 익숙한 사람이 되십시오. 그 두레박에 많은 것을 채우는 익숙함이 있도록 하십시오. 두레박을 내리는 기능적인 익숙함이 아니라, 물을 채우는 익숙함을 갖도록 하십시오.

"그러므로 너희가 기쁨으로
구원의 우물들에서 물을 길으리로다(사 12:3)"

문을 넓게 열라

문을 닫으면 어떤 것도 들어오지 못합니다. 마음의 문을 닫으면 어떤 것도 받아들일 수 없습니다. 집 문을 닫으면 손님이 들어오지 못하고, 축복의 문을 닫으면 축복이 들어오지 못합니다. 하나님께서 우리에게 주시는 놀라운 은혜와 복도 우리가 문을 닫아버리면 흘러들어오지 못합니다.

주님께서 주신 복을 받아들이는 세가지 문이 있습니다. 인정, 감사 그리고 축복이 그 문입니다. 이 세가지 문을 닫아버리면 어떤 축복도 우리의 인생으로 흘러들어오지 못합니다. 이 문을 활짝 열어두면 2배, 3배의 복을 받게 됩니다.

첫째로 인정하는 것입니다. 내가 만나는 사람, 내가 하고 있는 일, 내가 듣고 있는 말씀… 이것들을 주님의 것으로 인정하는 것입니다. 주님이 보내신 사람을 만나고, 주님이 행하시는 일을 경험하고,

주님의 말씀을 듣게 될 때 주님의 것이 흘러들어옵니다. 지금 배우고 있는 목사님을 하나님이 보내신 목자로 인정할 때, 그 목사님을 통하여 하나님의 말씀을 듣게 되고, 나를 향한 하나님의 뜻을 발견하게 됩니다. 지금 섬기고 있는 교회를 예수님의 몸으로 인정할 때, 진정한 예배와 만남이 있습니다. 지금의 배우자가 하나님께서 내게 보내신 배우자임을 인정할 때, 배우자를 통한 기쁨과 복을 누리게 됩니다.

두 번째는 감사하는 것입니다. 인정하는 것이 복을 100%로 받는 것이라고 한다면, 감사하는 것은 200%로 받는 것입니다. 내가 만나고 있는 사람을 감사함으로 받으십시오. 감사함으로 받으면 버릴 것이 없다고 하였습니다(딤전4:4). 비난을 감사로 받으면 훌륭한 교훈이 되고, 책망을 감사로 받으면 사랑의 훈계가 됩니다. 고난도 감사함으로 받으면 유익합니다. 감사는 어둠을 빛으로 바꾸는 것입니다.

세 번째는 축복하는 것입니다. 감사하는 깃이 200%의 복을 받는 길이라고 한다면, 축복은 복을 300%로 받는 길입니다. 원수를 축복하면 원수가 삶에서 사라집니다. 당신이 갖지 못한 것을 가지고 있는 사람들을 축복하십시오. 당신을 미워하는 사람들을 축복하십시오. 부자들을 미워하고서는 부자가 되지 못합니다. 부자들을 축복할 때 부요함을 인정하는 당신의 삶 속에 부요함이 채워집니다.

지도자를 축복할 때 당신 안에 지도자의 마음과 지혜가 깃들게 됩니다.

　개인적으로 저는 한 때 소위 성령 은사자들을 무시했던 적이 있었습니다. 그때에는 제게 성령의 은사가 활성화되지 못하였습니다. 그러나 그들이 제 주변에 있음을 감사하고 그들을 축복할 때, 은사가 활성화되기 시작하였습니다.

　거부함은 자신의 경험과 지식 안으로 자신을 제한하는 것이고, 자기가 파놓은 굴속으로 숨어들어가는 것입니다. 인정함으로 복의 문을 열어놓으십시오.

　불평하고 원망하는 것은 내게 오는 축복을 맛보지도 못하고 내치는 것입니다. 감사함으로 복의 문을 넓게 열어놓으십시오.

　무시하고 비판하는 것은 열등감의 다른 표현입니다. 축복함으로 복의 문을 활짝 열어놓으십시오.

순종

순종은 '믿는 바'대로 살아가는 것입니다. 예수님을 믿으면 죄사함을 받는다는 믿음이 있다면, 그냥 믿고 의롭게 살아가는 것입니다. 주님이 동행하신다는 믿음이 있으면 주님을 매순간 느끼고 살아가는 것입니다. 주님이 기도에 응답하심을 믿는다면, 기도하고 이룬 줄 믿고 살아가는 것입니다. 그러므로 순종은 구원이 '이미 이루어진 믿음'입니다.

순종은 조용하고 깨끗합니다. 변명이 없고, 다른 의견이 없으니 조용합니다. 내 것이나, 다른 것이 섞이지 않으니 깨끗합니다. 순종은 시끄러울 수가 없습니다. 순종은 혼란스럽지도 않습니다. 우리의 마음이 시끄럽고 혼란스러운 것은 주님을 향한 순종이 부족하기 때문입니다. 가야할 길이 한 길밖에 없는 사람은 갈등이 없습니다. 내가 순종하는 길 외에 다른 방법이 없기 때문에 갈등이 없습니다. 순종 외에도 다른 길이 있다고 생각하니 갈등과 고민이 있는 것입니다.

순종은 십자가를 경험하는 것입니다. 우리가 주님께 순종하려면 내가 '없어야'합니다. 내가 있으면 순종하지 못합니다. 내 의견이 없어야 '아멘' 할 수 있고, 내 길이 없어야 즐거이 주님을 따라갑니다. 자기가 죽지 않으면 순종할 수 없습니다. 순종은 내 편에서 할 수 있는 구원의 완성입니다.

성도의 순종은 3가지에 대한 순종입니다.

첫째는 말씀이요,

다음은 성령이요,

그 다음은 말씀을 가르치는 자입니다.

흘려보내는 영성

　대부분은 사람은 밖에 있는 것이 안으로 흘러 들어와 에너지를 얻습니다. 밖에서 좋은 것이 들어오면 좋아지고, 밖에서 좋지 않은 것이 들어오면 좋지 않아집니다. 이 사람은 세상에 휘둘리는 사람입니다. 밖의 상황에 따라서 슬픔과 기쁨을 오가고, 절망과 희망을 오가고, 빛과 어두움을 오갑니다.

　우리에게 들어가고 나가는 그 내막을 가만히 들여다보면 안에 것을 얻기 위해서 밖에 것을 채우는 것을 알 수 있습니다. 음식을 먹고 포만감을 얻고, 취미생활을 하여 행복감을 얻고, 운동을 하여 상쾌함을 얻습니다. 음식이나 취미나 운동 자체보다도 그 내면에서 일어나는 반응을 즐기기 위해서 하는 것입니다.

　우리 내면은 이처럼 항상 밖에 것에 의존적어야만 할까요? 우리 내면에는 기쁨이나 행복이 없어서 반드시 밖에서 받아들여야만 생겨나는 것일까요? 그렇지 않습니다. 우리 안에는 밖에서 얻을 수 없는 오직 안에서만 생겨나는 행복과 기쁨이 있습니다. 내면에서 나오는 기쁨과 행복입니다. 이 행복과 기쁨은 누가 빼앗아 갈 수 없고, 어떤 것에 의해서 희석되거나 줄어들지 않습니다.

예수님께서는 이런 상황을 가리켜 이렇게 말씀하셨습니다. "나를 믿는 자는 성경에 이름과 같이 그 배에서 생수의 강이 흘러나리라 (요 7:38)." 배에서 나온다는 것은 엄밀하게 속에서 나온다는 것입니다.

세상에 흔들리는 사람은 세상이 안으로 흘러들어오고, 세상에 흔들리지 않는 사람은 안에 것을 세상으로 흘려보냅니다. 내면이 하나님으로 충만하여 하나님을 흘려보내고, 생명이 충만하여 생명을 흘려보내고, 은혜와 감사가 충만하여 은혜와 감사를 흘려보내는 사람이 있습니다. 이런 사람은 세상의 에너지를 먹고 사는 대신에, 세상의 에너지가 되는 사람들입니다. 그 입술의 말이 생명과 진리를 흘려보냄으로 많은 사람들이 생명과 진리를 발견하여 즐거워합니다.

평안할 때에는 우리의 마음이 무엇이나 할 수 있을 것 같으나, 환난을 만나거나 시련을 지날 때 그렇지 않다는 것을 금방 깨닫게 됩니다. 밖의 부요함이나 편안함이 나를 잘못 보도록 합니다. 그러나 시련과 환난을 만나면서 자신이 얼마나 세상에 무방비 상태로 살아왔음을 알게 됩니다. 그리고 심령이 강건케 됩니다. 심령이 강건케 된 사람은 세상에 흔들리지 않습니다. 오히려 그 안에 생명과 소망이 있어 다른 사람들에게 흘려보냅니다.

생명이 그 안에 있는 사람은 그 안에 있는 생명을 흘려보냅니다. 그 안에 생명이 없는 사람은 그 생명을 밖으로부터 받아들이기 위해서 투쟁합니다. 안의 곳간을 먼저 채우도록 하십시오. 그 안에 생명이 없으면 아무리 좋은 것을 받아들이더라도 진실로 생명에 머무르지 못하고, 오히려 자신을 속여 거짓된 생명으로 위로 받으며 살게 됩니다.

속에 것을 흘려 보낼 수 있는 사람이 되십시오. 오직 주님의 것을 흘려보내는 사람이 되도록 하십시오.

하나님의 뜻이 서리라

"풀은 마르고 꽃은 시드나 우리 하나님의 말씀은 영영히 서리라 (사40:8)." 인생은 풀과 같고, 그 인생의 영광은 그 풀의 꽃과 같아 언젠가는 시들지만, 하나님의 말씀은 그 풀을 움직이는 자연법칙과 같아서 영영히 섭니다. 사람의 계획도 무너지고, 그 영광도 사라지고, 세상은 다 변하여도 영원히 변하지 않는 것이 있으니 곧 하나님의 뜻입니다. 세상의 어떤 지혜와 능력도 하나님의 뜻을 이길 수 없습니다.

사람이 시원한 옷을 입고 냉방시설을 아무리 잘 준비하여도 여름은 지나가고 가을이 오고, 그 냉방시설이 아무 쓸모가 없어지는 겨울이 반드시 찾아옵니다. 사람들이 무엇인가 많은 방비를 하여 인생을 지키고, 지혜를 모아 인생을 경영하지만, 결국 인생과 세상은 하나님의 뜻대로 되어갑니다. 어떤 인생이 하나님의 뜻을 벗어나

살 수 있으며, 어떤 능력이 하나님의 심판을 막겠습니까? 사람의 계획이나 의지나 지혜는 결국 다 무너집니다. 오직 하나님의 말씀대로 세상이 되어갑니다.

그러므로 지혜자는 하나님의 뜻을 아는 사람입니다. 아무리 세상의 지혜로 하나님이 없다고 설득하고, 하나님과 겨루어 논리적으로 이긴다 하더라도, 결국 시간이 지나면 승리는 하나님께 있음을 발견하게 됩니다. 처음에는 세상을 극복하는 법을 배우고, 다음에는 세상을 받아들이는 법을 배웁니다.

청년의 때에는 "하나님은 계시는가? 아니면 계시지 않는가?"라는 질문에 대한 답을 찾기 위해 힘썼습니다. 책을 읽고, 생각을 하고, 기도를 하면서… 그러나 이제는 "하나님은 계십니다"는 사실을 받아들이고, 그 하나님의 은혜를 구하고 살아갑니다. 믿음이란 하나님의 존재에 대해서 질문하는 것이 아닙니다. 믿음은 "하나님이 계신 것과, 그를 찾는 이들에게 상주시는 분임을 믿는 것입니다(히 11:6)." 하나님을 받아들이고 나서야 비로서, 모든 것이 이해가 됩니다. 태양이 있음을 받아들이고 나면 사계절이 이해가 되고, 자연의 많은 조화들이 설명이 됩니다. 아버지임을 받아들일 때, 자신을 향한 아버지의 수고와 책망이 이해가 됩니다. 우리가 하나님을 받아들이기 전에는 하나님의 어떤 것도 이해할 수 없습니다. 그러나 하나님을 받아들이고 나면 모든 것이 이해가 되고 받아들여집니다.

그러므로 하나님과 논쟁하지 않습니다. 하나님께 순종합니다. 내 생각과 하나님의 생각이 다를 때 나를 포기합니다. 이것이 믿음입니다. 그러므로 하나님은 모든 일에 '예'가 되고, 나는 모든 일에 '아니오'가 됩니다.

"하나님은 인생이 아니시니 식언치 않으시고, 인자가 아니셔서 후회가 없으십니다. 그러므로 그 말씀하신 바를 반드시 실행하십니다(민23:19)." 하나님의 뜻이 섭니다. 하나님의 말씀이 언제나 옳다고 나타나게 됩니다. 그러므로 그 말씀에 정복당하는 것이 행복입니다. 그 말씀이 나를 이기기를 기도합니다.

처음에는 인생에 대해서 생각하기를 기뻐하다가, 후에는 인생에 대해서 하나님으로부터 듣기를 좋아합니다. 처음에는 철학 서적을 좋아하다가, 후에는 성경을 좋아합니다. 처음에는 '왜'라고 하는 질문을 좋아하다가, 후에는 '아멘'이라는 대답을 좋아합니다. 이것이 믿음의 성숙입니다.

세상은 사람의 뜻이나 고집대로 되지 않습니다. 하나님의 계획과 말씀하신대로 되어가고 있습니다. 그리고 그 말씀대로 나타납니다.

믿음의 가문을 세우라

　하나님께서는 아담을 통해서 열방이 나오게 하고, 아브라함을 통하여 열국이 세워지기 원하셨습니다. 아담과 같은 사람을 많이 만드시지 않고, 아담을 통하여 열방이 나오게 하였고 아브라함에게서 나온 자손들을 통하여 열국을 세우셨습니다. 하나님의 나라는 정복을 통하여서 세워지는 것이 아니라, '태어남'을 통하여 세워지는 것입니다. 비슷한 사람들이나 같은 뜻을 가진 사람이 아니라, 같은 피 즉 같은 생명을 가진 사람들이 세우는 나라입니다.

　아담에게 말씀하시기를 "하나님이 그들에게 복을 주시며 하나님이 그들에게 이르시되 생육하고 번성하여 땅에 충만하라, 땅을 정복하라, 바다의 물고기와 하늘의 새와 땅에 움직이는 모든 생물을 다스리라 하시니라(창 1:28)." 번성하는 것은 하나님의 축복이며, 동시에 순종입니다. 아브라함에게 말씀하시기를 "내가 너로 큰 민족을 이루고 네게 복을 주어 네 이름을 창대하게 하리니 너는 복이 될지라. 너를 축복하는 자에게는 내가 복을 내리고 너를 저주하는 자에게는 내가 저주하리니 땅의 모든 족속이 너로 말미암아 복을 얻을 것이라 하신지라(창12:2-3)." 큰 민족을 이루는 것이 복이었습니다. 또한 예수님께서는 제자들에게 "그러므로 너희는 가서 모든 민족을 제자로 삼아 아버지와 아들과 성령의 이름으로 세례를 베풀고 내가 너희에게 분부한 모든 것을 가르쳐 지키게 하라 볼지어다 내가 세상 끝날까지 너희와 항상 함께 있으리라 하시니라(마 28:19-20)." 모든 족속을 제자 삼는 것을 사명으로 주셨습니다.

아브라함에게 주신 복이 단순히 혈통으로 큰 민족을 이루는 차원의 말씀이 아니라, 후에 예수 피를 가진 사람들로 번성하게 하실 것에 대한 약속의 그림자였습니다. 예수님이 오심으로 하나님 나라에 대한 분명한 그림이 나타났습니다. 그 나라는 예수 생명을 가진 사람들, 성도들입니다. 이것이 교회이며 하나님 나라입니다. 한 피를 가져야 한 족속이듯, 한 피인 예수의 피 즉 예수 생명을 가진 사람들만이 하나님 나라에 속합니다. 예수 생명은 예수를 믿는 자에게 있습니다. 이들이 성도요, 이들이 제자입니다.

하나님의 나라는 '태어남'에 있습니다. 아브라함이 이삭을 낳고, 이삭이 야곱을 낳고, 야곱이 열두 아들을 낳은 것처럼, 성도는 생명 낳는 일을 통하여 믿음의 가문을 세워가야 합니다. 이것이 우리에게 주신 복이며, 또한 사명입니다.

모든 성도는 믿음의 족장들입니다. 모든 성도는 믿음의 족속을 이루어야 합니다. 아들을 낳고, 손자를 낳고, 손자에 손자를 낳아야 합니다. 그때 열국의 아비인 아브라함의 복을 누리게 됩니다. 제자를 낳고, 제자가 제자를 낳고 그래서 그 제자들이 열국이 되도록 하는 것이 교회의 성도의 사명입니다.

또한 주님의 생명이 있는 모든 이들에게 주님은 이러한 복을 주셨습니다. 그 안에 예수님의 생명이 있다면 예수님의 생명을 가진 교회들을 세울 수 있는 권능을 허락하셨습니다.

섬기는 이들을 정하고, 말씀과 섬김으로 양육하십시오.

그리스도의 제자를 세워가는 성도가 되십시오.

그리고 그 번성함이 한 민족을 이룰 만큼 크고 영화로운 꿈을 꾸십시오.

기도하며 순종할 때, 놀라운 하나님의 은혜가 임할 것입니다.

한 가족에게는 작은 지역을 주시지만,

나라를 이룰 때에는 가나안 땅을 주십니다.

지금 가진 것으로

내게 주어진 복은 오늘 내가 하고 있는 일 안에 숨어 있습니다. 오늘 내가 하고 있는 일에 성실하고, 만나는 사람을 진심으로 대할 때, 그 안에 숨겨진 보화를 캐낼 수 있습니다.

교회를 개척한지 얼마 되지 않은 목사님 한 분이 제게 어떻게 교회가 부흥할 수 있는 지를 물었습니다. 저도 사실 잘 모르겠습니다. 그러나 한 가지는 분명하게 대답해드렸습니다. "오늘 있는 그곳에서 최선을 다해 일하시면, 그곳에서 내가 해야 할 일을 발견하게 될 것입니다. 그리고 그 일을 성실하게 하다보면 주께서 맡긴 사역이 더욱 분명해질 것입니다."

목사님 가운데 어떤 분은 산촌 시골에서 목회를 하시면서 성도들에게 최선으로 하나님의 말씀을 가르치기 위해서 성경을 다독하고 성실하게 연구한 분이 있습니다. 그렇게 하기를 수년 동안 변함없이 지속했습니다. 지금 그분은 우리나라에서 성경을 가르치는 유명한 목사님이 되어서 젊은 목회자에게 좋은 귀감이 되고 있습니다.

어떤 목사님은 길거리 지나가는 사람에게 라면 한 그릇 대접하면서 성실하게 사람을 만나면서 사역이 열려, 지금은 수많은 노숙자들을 섬기는 사역을 감당하고 있습니다. 그분의 사역을 통하여 또한 수많은 긍휼사역자들이 일어나게 되었습니다.

하루아침에 다윗이 왕의 자리에 올라가지 않습니다. 목동으로 지낼 때 성실하였기 때문에 그는 골리앗을 이길 기회를 갖게 되었고, 또한 양들을 사랑하면서 목자 심정을 알았기 때문에 백성의 목자가 되어 훌륭한 지도자의 길을 갈 수 있었습니다.

그릇이 준비되지 않으면 비가 내릴 때 담아 놓을 수가 없습니다. 내 인격으로 감당할 수 없는 명예와 권세를 얻게 되면 그것은 오히려 내 인생을 무너뜨리는 함정이 됩니다. 하루하루 성실하게 있는 자리에서 맡은 사역을 감당할 때, 그때 쌓이는 것들이 내게 기쁨과 참 내 영광이 됩니다.

목회자가 기도와 말씀의 준비 없이 많은 양들을 맡게 된다면 분명 양들을 잘못된 길로 인도하게 됩니다. 양식이 없이 손님을 부르면 욕을 얻어먹게 됩니다. 내 집에 양식이 있으면 어떤 손님이라도 후하게 대접할 수 있습니다. 손님을 부르기 전에 양식이 있도록 해야 합니다. 복을 바라기 전에 복을 담을 그릇을 준비해야 합니다.

성공을 바라기 전에 성공을 담을 그릇이 내적으로 준비되어 있어야 합니다.

지금 있는 자리에는 내일의 축복이 숨겨져 있습니다. 그 숨겨진 축복은 오늘을 성실하게 대면하여 살아가는 사람의 눈에만 보입니다. 인생은 결코 우연이 없습니다. 언젠가 뿌려놓았기 때문에 오늘 추수하는 것이고, 오늘 성실하게 뿌린 씨는 결코 썩지 않고 반드시 기쁨으로 단이 되어 돌아옵니다.

어떤 분들은 이렇게 말합니다. "내게 그 만큼의 돈만 있다면 큰일을 할 수 있을 텐데..." 없는 것 가지고 시작하는 것이 아니라, 지금 가지고 있는 것 가지고 시작하는 것입니다. 지금 당신 손에 있는 것을 가지고 시작하십시오. '지금'과 '이곳'이 당신이 가지고 있는 유일한 성공의 열쇠입니다. 장래의 모든 영광과 면류관은 '지금'과 '이곳'에 숨겨져 있습니다.

하나님 말씀

하나님 말씀을 전달하는 설교자로서 하나님께 언제나 미안한 마음이 있습니다. 영혼을 구원하고 변화시키는 생명의 말씀이 제 자신의 어눌함과 부족한 전달로 말미암아 생명 없는 말씀이 되기 때문입니다. 예수님께서 말씀하실 때에 듣는 사람들은 권세 있는 교훈으로 들었는데, 뭇 사람들을 변화시켰던 그 동일한 말씀을 전하는 데에도 그와 같은 변화와 능력이 나타나지 않으니, 전적으로 전하는 제자신의 잘못입니다. 이 사실 때문에 언제나 주님 앞에 미안한 마음이 듭니다. "주님 제가 이것밖에 전하지 못해서 죄송합니다." "주님. 제가 주님의 말씀을 너무 무능하게 만들어서 죄송합니다."

생명이 죄인의 몸을 통하여 나오니 제한 받는 것이 너무 많습니다. 제 자신의 경험이 주님의 말씀을 제한하고, 제 언어의 협소함으로 말씀을 제한하고, 또한 뜨겁지 못한 마음이 주의 말씀을 제한합니다. 오히려 생명의 말씀이 제 경험과 지식과 마음을 입어 더욱 번성하여 나와야 되는데, 그렇지 못해서 늘 설교한 후에 죄송한 마음을 갖습니다.

그러나 설교를 듣는 성도는 설교자를 탓하면서 주님의 음성을 듣지 못한다면 그것도 또한 안타까운 일입니다. 하나님은 짐승을 통해서도 말씀하셨습니다. 설교자가 지식이 부족하고 전달이 미숙하더라도, 그 전하는 바가 성경말씀이라면 하나님의 말씀으로 들어야 합니다. 설교 전부가 하나님의 말씀이라는 뜻은 아닙니다. 그 가운데 분명 하나님께서 하시는 말씀이 있습니다. 짐승과 같은 목회자를 통해서도 하나님의 말씀을 들을 수 있는 마음을 잃지 않는 것이 은혜 입은 마음입니다.

말씀을 듣는 사람은 설교자의 권면으로 하나님의 말씀을 듣는 어리석음을 범할 수 있습니다. 설교자의 입을 통해서 나오는 성경 말씀이 설교자의 권면으로 받아들여진다면, 어느 누구도 하나님을 예배할 수도 만날 수도 없습니다. 하나님의 말씀은 우리를 향한 하나님의 명령이며 선포입니다. 그것이 하나님의 말씀이라면 전하는 사람이 어린아이일지라도 하나님의 말씀인 것은 변함이 없습니다. 이것을 놓치지 않아야 합니다.

성경말씀이 전하여질 때, 그것을 사람의 말로 듣지 마십시오. 그렇게 들려진 말을 우리가 즐겨 순종하더라도 그것은 사람에게 순종한 것이지, 하나님께 순종한 것이 아닙니다. 그냥 설교자를 봐서 들어 순종해주는 것일 뿐입니다.

　짐승을 통해서도 나를 향하여 하나님은 말씀하십니다. 주파수를 사람에게 두지 말고, 하나님께 두십시오. 그때 주님의 말씀을 듣게 됩니다.

　"이러므로 우리가 하나님께 끊임없이 감사함은 너희가 우리에게 들은 바 하나님의 말씀을 받을 때에 사람의 말로 받지 아니하고 하나님의 말씀으로 받음이니 진실로 그러하도다 이 말씀이 또한 너희 믿는 자 가운데에서 역사하느니라(살전 2:13)"

이래서 주님을 따르는 것일까요?

스스로 제 자신을 돌아보아도 지금 제가 예수님을 믿고 있다는 것이 신기할 뿐입니다. 제가 분명 논리적으로 판단하여 예수님을 영접한 것도 아닙니다. 더구나 제가 초월 경험을 가져서 예수님을 만난 것도 아닙니다. 누군가에 의해서 설득되어서 예수님을 믿게 된 것도 아닙니다. 그런데 지금 저는 예수님을 믿고 있습니다. 곰곰이 그 이유를 생각해보았습니다. 정확하지는 않지만, 예수님을 믿게 된 이유가 아마도 제 자신에 대한 불신 때문이 아닌가 싶습니다. 다른 말로 하면 제 자신에 대해서 참으로 실망을 많이 했기 때문이 아닌가 싶습니다.

"만물보다 거짓되고 심히 부패한 것은 마음이라(렘17:9)" 이 말씀처럼, 세상에서 제일 믿지 못할 사람이 제 자신이라는 생각이 듭니다. 결심한 것도 실행하지 못하는 유약한 의지, 제 자신도 조절할 수 없는 내면의 분노들, 제 내면의 도처에 숨어 있는 죄의 본성들, 유혹에 너무나 쉽게 자신을 내팽개치는 제 모습들... 어느 것 하나도 제 자신에 대해서 신뢰할 만한 것이 없습니다. 이러한 제 자신을 스스로 의지하고 산다는 것은 얼마나 어리석은 지 제 자신이 더욱 잘 압니다. 모든 사람들이 저를 칭찬하더라도, 저는 제 자신이 칭찬 받을 만한 사람이 되지 못하다는 것을 너무나 잘 압니다. 모든 사람들이 성공했다고 하더라도, 제 인생이 모래 위에 지은 집과 같다는 것을 제가 너무나 잘 압니다. 모든 사람들이 의지가 강하고 열정이 있다고 말하더라도, 제 자신의 유약함을 제가 더욱 잘 압니다. 이 까닭에 저는 예수님을 내 인생의 주인으로 받아들일 수 있었던 것 같습니다. 또한 이 까닭에 제 자신을 기꺼이 버리고 예수님을 따르기로 마음먹은 것 같습니다. 이것이 제 자신이 돌이켜 생각해 본 것입니다. 정확한 이유는 저도 잘 모르겠습니다.

"아무든지 나를 따라 오려거든 자기를 부인하고 자기 십자가를 지고 나를 좇을 것이니라(마16:24)." 예수님께서는 제자들에게 '자기를 부인할 수 있어야' 예수님을 따를 수 있다고 말씀합니다. 자기를 부인한다는 것은 '버릴 수 있다'는 뜻입니다. 자기가 가지고 있는 지식의 무가치함을 깨닫게 되고, 자신이 가지고 있는 안전장치들 (재물, 직장, 동료, 가족들...)의 불완전함을 깨닫게 될 때 버릴 수 있게 됩니다. '부인한다' 또는 '버린다'는 것은 그것들을 더 이상 믿지 못하게 되었다는 뜻이기도 합니다.

저는 제 자신을 믿지 못합니다. 또한 믿지 않습니다. 이러한 연약한 제 모습 때문에 저는 주님이 항상 필요합니다. 제 생각보다는 언제나 주님의 뜻이 옳다는 것을 받아들이게 됩니다. 제 경험이나 감정보다는 주님의 말씀(성경)이 더 진실하다는 것을 인정하게 됩니다.

그러나 이것들은 제가 돌이켜 논리적으로 생각해 본 것일 뿐 이것 때문에 제가 예수님을 믿게 되었다고 장담하지는 못하겠습니다. 다만 분명한 것은 제가 지금 예수님을 믿게 되었다는 것이 신기하고 놀라울 따름입니다. 어느 순간부터인가 주님의 말씀이 제 생각보다 커져서 믿어지고 받아들여지게 되었으니, 제 인생의 주인이 바뀐 것입니다. 이것이 구원입니다. 어느 순간부터 '제 자신이 생각하는 인생'보다는 '하나님이 말씀하신 인생'이 옳다고 믿어지게 되었으니, 주님을 따를 수 있게 된 것입니다. 참으로 믿음을 주신 하나님께 감사를 드립니다.

3장 아버지

"이제까지는 나와 함께 있어서 무엇을 구할 필요가 없었다. 내가 다 채워주었기 때문이다. 이제는 내가 너희를 떠날 때가 되었다. 너희는 더 이상 육체의 음성을 듣지 못하며, 육체의 모습을 보지 못할 것이다. 그러나 염려하지 말라. 너희가 기도할 때에 내가 너희와 함께 있을 것이며, 너희를 들을 것이며, 너희에게 말할 것이다. 이제부터는 기도를 통하여 나를 만나게 될 것이다. 내 이름을 부르며 기도할 때에, 나는 너희와 함께 있을 것이다."

기도와 주의 임재

　기도 없이 하는 모든 것은 주님의 일이 아닙니다. 주님의 일이라면 주님의 뜻대로 해야 하고, 가르침을 받아야 하고, 인도를 받아 이루어져야 합니다. 그러므로 주님께 묻지 아니하고 하는 모든 것은 주님의 일이라 할 수 없습니다. 이것을 잘 알고 있었던 사무엘은 기도 쉬는 것을 죄라고 여겼던 것입니다.

　성경공부 교재를 만들면서 주님을 잃어버렸습니다. 일을 하는데 신경쓰느라 주님의 임재(Presence)를 떠나 있었습니다. 그동안 저는 주님의 일을 하고 있다고 생각했으나, 실상 내 일을 하고 있었던 것입니다. 주님의 일이 아니라 '내 일'이었습니다. 최고의 성경공부 교재는 주님께 물어야 하고, 답을 찾아야 하는데 저는 주님 없이 일만 하고 있었습니다.

　어느 날 예수님께서 나사로의 집을 방문하게 되었을 때, 나사로의 누이 마르다는 주님을 대접하기 위해서 열심히 음식을 준비하고 있었습니다. 그동안 동생 마리아는 예수님의 발치에 앉아 말씀을 듣고 있었습니다. 마르다는 그 게으른 마리아의 모습을 보며 화가 났습니다. 그리고 예수님께 마리아를 시켜 자기 일을 도와주도록 하라고 부탁하였습니다. 그때 예수님은 마리아가 좋은 편을 택하였다고 하였습니다. 마르다는 너무 분주하여서 주님을 잃고 주님의 일을 하고 있었던 것입니다.

주님의 일은 주님이 하십니다. 사람은 다만 주님께 쓰임 받을 뿐입니다. 따라서 주님 없이는 주님의 일이 결코 일어나지 않습니다. 그러나 주님만 계시다면 그것이 곧 주님의 일입니다. 그래서 예수님은 '하나님의 일은 하나님을 믿는 것'이라고 하였습니다. 주님을 믿고, 주님의 임재 아래 있을 때, 주님께서 주님의 일을 하십니다. 주님이 계시지 않는데, 어떻게 주님의 일이 일어나겠습니까? 오직 주님의 일은 '주님을 믿는 것'입니다. 그때 주님이 주님의 일을 하십니다. 주님은 주님의 마음을 담아낼 사람, 주님을 믿는 믿음으로 기도하는 사람을 통해서 나타나시고 일하십니다.

주님께 나아가는 사람은 주님이 계신 것과 주님을 찾는 사람에게 상 주시는 분임을 믿어야 합니다. 주님이 함께 하심을 믿는 사람만이 주님의 임재를 누리게 됩니다. 주님이 상 주시는 이심을 믿는 사람은, 주님께서 주님의 일을 하신다는 것을 믿는 사람입니다. 주님의 일은 주님이 하십니다. 그러므로 기도 외에는 주님의 일이 일어나지 않습니다.

기도보다 더 주의 임재 안으로 들어가는 방법은 없습니다. 기도하기 전에는 자신의 생각만 있을 뿐입니다. 그러나 기도하기 시작할 때, 하나님의 생각이 있고, 하나님의 능력이 함께 있게 됩니다. 그러므로 참으로 하나님을 믿는 사람은 "오직 모든 일에 기도와 간구로 감사함으로 하나님께 아룁니다." 주님의 일들이 일어나기를 원하는 사람은 오직 기도하기에 전무합니다.

그러므로 참그리스도인은 '모든 것'을 기도합니다. 기도를 쉬지 않습니다. 오직 기도만이 하나님이 일하시는 통로이기 때문입니다. 기도 외에는 이런 종류의 일(주님의 일)이 일어나지 않기 때문입니다. 그러므로 주님과 대화하기를 쉬지 마십시오. 계속 물어보십시오. 주님의 의견을 존중하고 들으십시오. 주께서 반드시 대답하십니다.

은혜와 나태함

모든 것이 하나님의 은혜입니다. 나의 나 된 것이 은혜이며, 구원
도 은혜이며, 주께 귀하게 쓰임 받는 것도 은혜입니다. 하나님과 상
관없이 내 자신에게서 비롯된 것은 하나도 없습니다. 내게는 어떤
자격도, 능력도, 자랑도 없습니다. 모든 일의 시작도 주님이시고, 모
든 일의 성취도 주님이시고, 마지막도 주님이십니다. 그러니 내 인
생 전부가 은혜입니다.

이 은혜를 잘못 받아들이면 영적 나태함에 빠지게 됩니다. 종종
은혜를 잘못 받은 분들을 봅니다. 하나님께서 모든 것을 하시니, 나
는 아무 것도 할 필요도 없고, 아무 것도 해서는 안된다고 생각하시
는 분들입니다. 내가 하지 않아도 하나님께서 하신다고 생각하며
영적 나태함에 빠져 있는 분들입니다. 그러나 은혜는 기쁜 열심, 즐
거운 헌신을 가져옵니다. 억지로 하는 수고가 아니라 사랑의 수고

를 하게 합니다.

은혜 입은 사람의 열심에 대해서 가장 적절하게 나타내는 말씀이 있습니다. "내게 능력 주시는 자 안에서 내가 모든 것을 할 수 있느니라(빌4:13)." 주께 은혜를 입었으니, 주께서 원하시는 모든 것을 내가 할 수 있게 되었다는 뜻입니다. 주님의 뜻이라면, 모든 것을 할 수 있는 사람이 된 것입니다. 내 뜻은 완전히 포기하지만, 내 뜻으로는 아무 것도 하지 않지만, 그것이 주님의 뜻이라면 무엇이든 할 수 있게 된 사람입니다. 주님의 뜻을 즐겁게 순종할 수 있게 된 사람입니다. 드리는 것이 기쁨이고, 쓰임 받는 것이 영광이며, 주님을 위해 수고할 수 있는 것이 즐거움이 된 사람입니다.

이 보다 더 뜨거운 열심이 어디에 있겠습니까? 주님의 뜻이라면 어떤 것도 할 수 있는 사람, 마음이 요동하지 않아도 하고, 손해 보아도 하고, 고난을 당해도 주님의 뜻이라면 기어코 순종하는 열심입니다. 이것이 곧 은혜 입은 자에게 나타나는 바람직한 모습니다. 은혜는 우리를 더욱 뜨겁게 그리고 더욱 열심 있게 합니다.

예수님을 처음 만난 사람은 율법적인 열심을 갖습니다. 열심을 내야 구원 받을 것 같고, 은혜를 입을 것이라 생각합니다. 이것은 종의 열심입니다. 이렇게 열심히 주님을 믿다보면 내 힘과 능력의 한계를 만나게 됩니다. 주님께 순종한다는 것이 힘으로 되는 것도, 능으로 되는 것도 아니라는 것을 깨닫게 됩니다(슥4:6). 결국 주님의 도우심과 은혜를 입지 않으면 안되는 나약한 존재라는 사실을 알게 됩니다. 그리고 주님께 자신을 굴복합니다. 주님의 은혜를 입어야 나의 모든 것이 하나님을 인정하고, 하나님 뜻대로 살기를 기뻐하고, 그 능력을 힘입어 율법을 지킬 수 있다는 사실을 깨닫게 됩니다.

은혜를 얻기 전에 율법을 만나야 합니다. 자기 의로움을 통하여 구원을 얻으려고 힘쓰고 애씀이 없다면 은혜의 깊은 맛을 얻지 못합니다. 죄성(罪性)을 극복하기 위해서 힘쓰고 애를 써본 사람만이, 은혜로 얻는 구원을 마음껏 기뻐할 수 있습니다. 태풍을 지나온 사람에게 평화는 진정한 감사와 기쁨이 됩니다. 자기의 열심으로 구원을 얻기 위해 수고해 본 사람만이 은혜의 기쁨에서 오는 수고를 즐거워합니다.

무엇인가 얻기 위한 봉사는 율법적이어서 기쁨이 없습니다. 그러나 무엇을 얻었기 때문에 하는 봉사는 감사와 기쁨이 있습니다. 이제는 모든 일을 기쁨과 감사함으로 감당하는 사람이 된 것입니다. 은혜에서 비롯된 열심은 우리로 더 큰 기쁨을 갖게 합니다.

일과 인격

"지극히 작은 것에 충성된 자는 큰 것에도 충성되고 지극히 작은 것에 불의한 자는 큰 것에도 불의하니라(눅 16:10)." 큰 일을 감당하는 것을 보면 그 사람의 능력을 알 수 있고, 작은 일을 감당하는 것을 보면 그 사람의 인격을 알 수 있습니다. 작은 일에 성실한 사람은 큰 일에도 성실하고, 작은 일을 경솔히 대하는 사람은 큰 일도 그렇게 합니다. 자세가 그만큼 중요합니다. 자세가 인격이며, 인격이 그 사람입니다.

모든 일은 연결되어 있습니다. 없던 일이 하루아침에 내게 이루어지지 않습니다. 내게 있는 것이 '확장되어 가는 것'입니다. 누군가 성공적인 목회에 대해서 제게 물었습니다. 저는 아직 성공적인 목회가 무엇인지 대답할 입장에 있지 못해서 그것에 대해서는 대답할 수 없지만, 그러나 한 가지만을 대답해 주겠노라 대답하였습니다. "지금 하고 있는 일이 더 나은 일과 연결되어 있으니, 지금 일에 성실하십시오."

내일은 하늘에서 떨어지지 않습니다. 내일은 오늘이 낳은 자식입니다. 오늘은 내일을 낳는 어머니입니다. 오늘 하고 있는 일이 복된 내일로 인도하는 안내자입니다. 그 안내자에게 성실해야 합니다. 나병환자인 아람장군 나아만을 엘리야에게로 인도한 것은 그의 집 안에 있었던 계집종이었습니다. 우리를 복된 길로 인도하는 안내자는 때로는 초라하고 작은 계집종과 같이 초라하고 작은 일일 수 있습니다. 그러나 그 작고 초라한 일이라도 얼마든지 우리를 복된 길로 인도할 수 있습니다.

우리는 비(雨)가 내리게 할 수는 없습니다. 그러나 우리가 할 수 있는 일은 있습니다. 비가 내릴 때 그 비를 받아 담아놓을 수 있는 그릇을 준비하는 것입니다. 비가 내리지 않는다고 그릇까지 준비하지 않는다면, 막상 비가 내릴 때 그 비는 내가 가질 수 없습니다. 우리는 다만 그릇을 준비할 뿐입니다. 그릇은 비에 비하면 너무나 초라한 것이지만, 그 초라한 것을 잘하지 못하면 그 비도 담아내지 못합니다.

하루아침에 다윗이 왕이 되지 않습니다. 목자로서 성실하게 지내는 과정이 있었고, 그 과정을 잘 이수하였기 때문에 왕의 문이 열렸습니다. 느닷없이 하늘에서 떨어진 일이 아니라, 목자의 일을 믿음과 사랑으로 잘 감당하다 보니 그 길이 곧 예루살렘 왕에게로 가는 왕의 대로였던 것입니다.

지금 내가 하고 있는 일은 나를 더 나은 영광으로 인도하는 안내자입니다. 그 작은 일에 충성하십시오. 모든 일에 성실하십시오. 하나님은 지금 우리가 감당하는 일의 크기가 아니라, 일을 대하는 자세를 보고 계십니다. 일은 바꾸지 못하여도, 자세는 바꿀 수 있습니다. 성공은 하지 못하여도 성공을 담을 수 있는 자세는 가질 수 있습니다.

하나님을 경험하는 인생

　얼마 전 오랜 만에 아내와 함께 산을 올라가게 되었습니다. 오랜 만에 하는 등산이어서 매우 힘들었습니다. 겨울에 얼었던 눈들과 얼음들이 녹아서 온통 등산로가 진흙 투성이었습니다. 산을 올라가는 이유도 매우 다양합니다. 때로는 맑은 공기를 마시러 올라가고, 때로는 아내와 대화하기 위해서 올라가고, 때로는 기분전환을 위해서 올라가고, 때로는 생각을 정리하기 위해서 올라가고, 때로는 사랑하는 사람들과 친교하기 위해서 올라갑니다. 등산 목적만큼이나 배우는 것도 다양하고, 보는 것도 다양합니다.

　결국 올라간 만큼 내려와야 하는데도 등산하는 까닭이 무엇일까요? 단순히 "나는 그곳에 가본 적이 있어!" 이런 말을 하기 위해서 등산하지는 않을 것인데, 또한 그것을 내 소유로 영원히 삼기 위해서도 아닐 터인데, 왜 산을 올라가는 것일까요? 그저 오가는 길에 나누는 대화, 보는 즐거움, 걷는 행복, 땀 흘리는 상쾌함, 이런 것들을 얻기 위해서 올라가는 것이지요.

인생도 "나는 무엇을 성취하였어!"라고 말하기 위해서 살아간다면 참으로 안타까운 일이 아닐까 생각합니다. 한 순간을 위해서 인생 전부를 희생한다는 것은 그렇게 지혜롭게 생각되지는 않습니다. 인생 전부를 갖는 것이 인생의 한 순간을 갖는 것보다 지혜로운 일이라 생각됩니다. 인생의 매순간 느끼고 갖게 되는 행복이 참으로 인생의 소득이라는 생각이 듭니다. 솔로몬도 그의 인생을 이렇게 정리하였습니다. "사람이 먹고 마시며 수고하는 것보다 그의 마음을 더 기쁘게 하는 것은 없나니, 내가 이것도 본즉 하나님의 손에서 나오는 것이로다(전2:24)." 심령으로 낙을 누리며 사는 것이 가장 행복한 일이라고 고백하였습니다.

우리의 인생은 침대에서 시작해서 침대에서 끝을 맺습니다. 그 자리에서 멀리 간 것 같지만, 결국 한 발자국도 앞으로 가지 못한 채 인생을 마무리합니다. 비록 시작과 처음은 같지만 침대에서 살아가지는 않습니다. 침대를 떠나 멀리까지 여행하고 그 자리로 돌아옵니다. 더 행복한 사람이 되어 돌아옵니다. 많은 것을 배우고 돌아옵니다.

우리는 인생을 극복해 보려고 이 세상에 온 것이 아니라, 인생을 경험하러 왔습니다. 우리는 하나님을 경험하러 이 세상에 왔습니다. 장차 내가 시작했던 침대에서 내 인생을 돌아보며, "하나님, 저는 하나님을 충분해 경험했습니다. 이제 내 인생을 하나님께 내어 맡길 수 있겠습니다. 더 행복한 나라로 나를 인도하도록 나를 맡길 수 있게 되었습니다." 이 얼마나 아름다운 고백입니까?

저는 하나님을 경험하러 이 세상에 태어났습니다. 모든 일들 가운데 언제나 신실하게 인도하시는 나의 영혼의 목자를 경험하고 살아갑니다. 이 세상에 필요한 모든 기쁨과 감사를 준비하고 나를 인도하시는 하나님을 경험한 까닭에 이제는 주님께 나의 인생을 맡길 수 있습니다.

하나님을 많이 경험한 사람은 마지막 침대에 돌아와 누우며 감사할 것이며, 새로운 세상을 소망하며 기뻐할 것입니다. 그러나 불행하게도 하나님을 경험하지 못하고 인생을 지나온 사람은, 자신의 영혼을 맡길 수 있는 곳이 없으므로 두려워할 것입니다. 하나님을 경험하는 행복을 누리는 것이 영혼의 즐거움입니다.

|성령과 육체의 소욕|

육체는 우리가 이 물리적 세상에 살아가는 동안 입고 살아야 할 체(體)입니다. 장차 우리가 주님의 나라에 들어갈 때에는 그 나라에 합당한 체(體), 즉 몸을 갖게 됩니다. 그 몸은 부활체입니다. 육체는 대기권만 벗어나도 유지될 수 없습니다. 하물며 이 육체로 하나님의 나라에는 더욱 들어갈 수 없습니다. 그러므로 주님의 재림의 시기에 죽은 자는 부활하여 새로운 몸을 입고, 살아 있는 사람도 역시 새로운 몸으로 변화하게 됩니다. 그 부활체는 하나님을 예배하고 즐거워하고 순종하는 몸일 것입니다.

그러나 우리가 이 세상에 사는 동안은 육체가 필요합니다. 육체를 떠나서는 이 세상에 살 수 없습니다. 이 세상을 살아가기 위해서는 육체를 입어야 합니다. 예수님도 사람의 몸을 입고 이 세상에 오신 까닭은, 이 세상은 하나님이 만드실 때부터 육체를 입어야 생존

하도록 설계되었기 때문입니다. 귀신도 또한 이 세상에 영향력을 행사하기 위해서 사람의 몸을 이용합니다. 영은 이 세상에서 육체를 입으려고 합니다.

본질적으로 이 육체는 하나님을 거부합니다. 육체의 생명은 하나님께 불순종하려고 합니다. 아담과 하와를 통하여 죄가 육체 안으로 들어오면서, 몸은 변질되어 죄를 지향하도록 되었습니다. 육체의 생명에 속한 육체의 소욕은 성령을 거스릅니다(갈5:17). 따라서 육체의 소욕을 아무리 잘 다스려도 하나님을 기쁘시게 할 수 없습니다(롬8:8). 육체의 소욕은 하나님을 거스르기 때문입니다(롬8:8).

우리가 새로운 생명의 영이신 성령을 받았으나 여전히 범죄하고 유혹에 빠지는 것을 이상하게 여기는 분들이 있습니다. 이것은 이상한 일이 아닙니다. 우리가 육체의 생명을 벗어버리기 전까지, 이 세상에 살면서 육체를 입고 있는 동안은 육체의 생명에서 나오는 육체의 소욕을 떠날 수가 없습니다. 다만 우리는 새로운 생명인 성령을 통하여 육체의 소욕을 다스려야 합니다. 우리가 부활체로 변화하기 전까지는 육체의 소욕을 다스려야 합니다.

거듭남을 통하여 새로운 생명을 갖게 되었을 때, 우리는 새로운 소욕도 함께 갖게 되었습니다. 하나님의 임재를 소망하고, 하나님께 순종하고, 감사하고 찬송하며, 예배하며 거룩함을 소원하는 성령의 소욕을 갖게 되었습니다. 이 성령의 원하는 바를 좇아 사는 것이 곧 영적인 삶이요, 거룩한 삶입니다.

육체는 주님을 거스릅니다. 육체를 너무 신뢰하며 살지 않아야합니다. 육체를 붙잡고 살아서도 안됩니다. 겉 사람은 점점 낡아지지만, 속사람은 날로 새로워지는 삶을 살아야 합니다(고후4:16). 육체를 벗는 순간, 육체의 생명이 다하는 순간 모든 것은 다 썩을 것으로 변화됩니다. 그때는 영의 생명이 새로운 몸을 입을 것입니다. 영광스러운 몸으로, 부활체를 입을 것입니다. 성령이 주장하고, 성령에 민감하고, 성령에 붙잡힌 삶을 살다보면, 겉 사람을 벗는 것이 힘든 일이 아니라, 즐겁고 소망하는 일이 되어서, 우리는 이렇게 외칠 것입니다. "마라나타! 주 예수여 오시옵소서!(계22:20)."

"육체의 소욕은 성령을 거스리고 성령은 육체를 거스리나니 이
둘이 서로 대적함으로 너희가 원하는 것을 하지 못하게 하려 함이
니라(갈 5:17)"

|하나님 나라|

"하나님의 나라가 가까이 왔으니 회개하고 복음을 믿으라(막 1:15)." 회개하는 것도, 복음을 믿는 것도 결국 하나님 나라가 임하고 있기 때문입니다. 예수님은 이 하나님 나라를 우리에게 주시려고 오셨습니다. 이 나라는 예수 그리스도가 왕이신 나라며, 예수 그리스도를 위해 순교했던 이들과 살아서 순교자로 살았던 사람들이 함께 다스리는 나라입니다(계5:10, 20:4). 하나님께서 처음 사람을 만드시고 주신 나라는 완전한 순종과 믿음으로 이루어진 하나님의 나라였습니다. 에덴동산은 하나님의 다스림을 받고, 하나님의 백성들이 즐거이 하나님께 순종하는 나라였습니다. 사람들은 죄를 범하면서 이 하나님의 나라를 잃어버린 것입니다. 그 이후에 나오는 모든 나라들은 하나님의 모양은 있으나 하나님의 다스림을 받지 아니하고, 사람이 사람을 다스리는 나라, 사람의 법과 질서가 유지되는 나라였습니다.

　하나님께서는 예수 그리스도를 이 세상에 보내서서 새로운 하나님의 나라를 시작하셨습니다. 이것이 곧 천국이며, 천년왕국입니다. 모든 것이 이제 갖추어져 있습니다. 혼인잔치가 준비되어 있습니다. 이제 그 혼인잔치에 초대될 사람만이 채워지지 않았을 뿐입니다. 하나님의 나라는 이미 임하여 있으나, 그 백성이 채워지지 않은 것입니다. 이미 하나님의 나라는 모든 면에서 완성되었습니다. 그러나 한 가지 부족한 것이 있습니다. 그것은 곧 하나님의 백성입니다. 백성의 숫자가 차면 그때에는 주님이 왕으로 오시는 재림이 이루어집니다. 그때에 하나님의 백성들은 새 하나님 나라에 합당한 몸으로 홀연히 변화할 것이며, 또한 이 세상은 체질이 변한 것처럼 완전히 새로운 나라로 변화될 것입니다.

　교회는 아직 변화되지 않은 하나님 나라입니다. 예수님도 육신으로 오셨을 때에 육체로는 "고운 모양도 없고, 풍채도 없고, 흠모할 만한 아름다운 것이 없었습니다(사53:2)." 이와 같이 교회도 이 세상에서는 흠모할 만한 아름다운 것이 없이 초라합니다. 그러나 이 초라한 교회가 주님의 재림이 이루어졌을 때, 새예루살렘으로 변화됩니다. 교회는 이 세상에 나타난 하나님 나라입니다. 하나님의 말씀의 다스림을 받고, 예수님의 몸과 연결되어 있으며, 천국에 합당한 영생을 가지고 있기 때문입니다.

그리스도인은 하나님 나라의 백성입니다. 임시로 우리는 이 세상에서 여러 나라와 정부에 속하여 있으나, 그러나 우리는 새로운 하나님 나라의 법 아래 있고, 또한 왕이신 예수 그리스도의 말씀에 순종하니 하나님의 나라임에 틀림없습니다. 예수님은 이제 이 교회를 통하여 하나님 나라가 온 세상에 임하기를 원하십니다. 모든 백성들이 하나님 나라의 백성이 되기를 원하시며, 이 일을 교회에 맡기셨습니다. 교회는 이 일을 감당합니다. 하나님 나라의 백성을 부르시는 일만을 우리에게 맡기셨습니다. 예수님은 제자들에게 오직 전도만 맡기셨습니다. 다시 말해서 하나님 나라를 세우는 것은 예수님께서 하셨고, 이제 그 백성을 채우는 일을 우리에게 맡기셨습니다. 그 백성의 숫자가 채워질 때 예수님은 왕으로 오시고, 하나님 나라가 이 땅위에 천년 왕국으로 임하게 됩니다.

교회는 하나님 나라입니다. 이 세상에 실재하는 하나님 나라입니다. 많은 분들이 마음 속에 심리적으로 임하는 나라가 하나님의 나라라고 생각합니다. 그렇지 않습니다. 예수님이 역사 가운데 오신 것처럼, 하나님의 나라도 실재하는 나라입니다. 물론 그 나라는 지금 우리가 몸 담고 있는 세상 나라는 아니지만, 그러나 우리는 마음과 영으로 이미 그 나라에 속한 자이며, 그 나라의 법과 다스림을 받아 살아가고 있습니다.

|아버지|

　딸이 엄마에게 물었습니다. "엄마. 정말로 내가 딸만 아니라면, 내게 예쁜 구석이 없어?" 그러자 엄마가 대답했습니다. "그렇단다."

　제 아내와 딸이 나눈 대화입니다.

　정말로 내 딸만 아니라면, 무슨 구석이 그렇게 예쁠까요? 딸은 엄마의 모든 수고로 먹고 살아가지 않습니까? 늦잠을 자도, 게으름을 피워도, 때로는 대들어도, 이런 저런 부탁을 해도... 그냥 딸이기 때문에 다 받아들여집니다. 그러나 딸만 아니라면 이런 모습을 어떻게 기쁘게 받아줄 수 있겠습니까?

　"엄마!" 또는 "아빠"라는 말처럼 부요하고 능력 있는 말은 없을 것입니다. 지나가는 아저씨에게 "저거 하나 사주세요"라고 조른다면 그 사람은 강도임에 틀림없습니다. 그러나 혹 그 말을 하기 전에 "아빠!"라고 한다면 그 부당한 요구조차도 용서가 되고 받아들여집니다. "아빠! 저거 하나 사주세요." 이 '아빠'라는 말 한 마디가 불법을 합법으로, 형벌을 용서로 바꿉니다.

예수님께서는 우리에게 기도를 가르쳐 주시면서 먼저 하나님을 '아버지'라고 부르라고 하셨습니다. "하늘에 계신 우리 아버지여!" 이렇게 부를 때, 뒤에 무슨 말을 해도 용서가 되고, 받아들여지고, 또한 모든 요구는 합법적이 됩니다. 혹 하나님과 아무런 관계도 없는 이들이 하나님을 향하여 기도한다면 그것은 부당한 것이며, 불법적인 것입니다. 그러나 하나님을 '아버지'라고 부르는 사람들의 기도는 모두 정당하며 합법적이 됩니다.

하나님과의 관계에서 가장 강력한 언어는 '아버지'입니다. 하나님의 모든 것을 내 것으로 만드는 언어도 '아버지'입니다. 나의 모든 허물을 아버지의 용서로 바꿀 수 있는 언어도 '아버지'입니다. 그래서 하나님은 우리에게 '아들이신 예수 그리스도'의 생명을 우리에게 주셨습니다. 우리로 하나님을 아버지라 부를 수 있도록 하시기 위해서 아들의 생명을 주셨습니다.

부모님이 돌아가셨을 때 이렇게 기도했던 것이 생각납니다. "하나님 제게는 이제 부모님이 없습니다. 이제는 하나님이 제 아버지이시고, 예수님은 제 생명이시고, 성령님은 제 어머니이십니다." 이

기도를 하면서, 내면에서 올라오는 엄청난 위로와 기쁨을 누렸습니다. 이제는 하나님을 아버지라 부르는 기쁨을 온전히 누리고 있습니다. 하나님을 '아버지'라고 부를 때, 내가 얼마나 행복한 사람이 되었는지를 새삼 느끼게 됩니다.

바짝 엎드립니다

바람이 불 때는 바짝 엎드리는 것입니다. 하나님의 책망이 있을 때에도 바짝 엎드리는 것입니다. 그때에는 자신을 낮추고, 겸비하여, 말하지 않고 들어야 합니다. 바람이 불면 내보는 것을 멈추고, 받아들여야 할 때입니다. 모든 것을 멈추고, 온전히 주를 향하여 "종이 듣겠사오니 말씀하옵소서!"라고 고백하며 엎드려야 합니다.

바벨론을 통하여 유다를 심판하실 때, 예레미야를 통하여 하나님께서는 말씀하시기를 바벨론을 대적하지 말고 항복하라고 하셨습니다. 바벨론의 공격이 정당해서가 아니고, 또한 바벨론이 이스라엘의 구원이어서가 아닙니다. 바벨론을 들어 유다를 치실 때, 그 책망과 심판을 받아들이라는 것입니다. 그 심판을 받아들이면 때가되어 바벨론에 포로 된 유다를 해방시켜 돌아오게 하십니다.

사람이 변화 가능한 때가 있습니다. 가난하고 힘들고 낙심하여 있을 때가 곧 변화 가능한 때입니다. 하나님께서 우리를 징계하실 때에는 우리를 변화시키는 때입니다. 부요할 때나 성공할 때에는 변화가 어렵고 성숙이 어렵습니다. 그래서 가난한 사람이 복이 있습니다. 받아들일 수 있는 마음의 상태가 되었으니 복된 것입니다. 자신을 변화시킬 수 있는 기회를 놓치지 않도록 해야 합니다. 그때가 지나버리면 더 이상 변화는 일어나지 않습니다. 변화는 낮고 가난한 자리에서만 일어납니다.

미련한 사람은 하나님과 논쟁하려고 합니다. 우리는 하나님의 논쟁의 상대가 아닙니다. 또한 우리의 이론으로 하나님과 다투어 이긴다 하더라도 아무 것도 남지 않습니다. 내가 논리적으로 하나님의 존재를 부인할 수 있다 하더라도 자신에게는 아무 것도 남지 않습니다. 오직 하나님의 행하심을 정당하게 받아들이고, 그분이 나를 바꾸시는 대로 변화되는 것이 아름다움이며 지혜입니다.

바짝 엎드려 있으면 바람이 지나갑니다. 바람에 의해서 상처받지 않고, 오히려 감사하게 됩니다. 나를 향하여 진노의 바람이 부는데 목을 곧게 하고 이기려 한다면 남는 것은 상처밖에 없습니다. 오직 우리는 하나님을 향하여 "아멘"이라 할 뿐입니다. 바짝 엎드려 하는 말은 "아멘"입니다.

골짜기에서

    산 위에 올라가야만 보이는 것들이 있습니다. 넓은 들판, 우리가 걸어온 길들, 잘 어울려 있는 자연들… 이것들은 오직 위에 있을 때에만 보이는 것입니다. 반면에 골짜기에서만 보이는 것들이 있습니다. 여기 저기 나뒹구는 쓰레기들, 지금 당장 눈앞에 있는 장애물들, 끊어져 낙오된 길들… 이것들은 오직 골짜기를 지날 때에만 보는 것입니다.

    인생의 골짜기를 지나며, 고난의 시기를 지날 때에만 보이는 것들이 있습니다. 끝나지 않을 것 같은 암울한 현실, 뼈를 마르게 하는 근심들, 지리한 기다림… 이것 때문에 걷기를 포기하는 사람들도 있습니다. 그러나 골짜기에서만 발견되는 보배도 있습니다. 자신을 살피는 시간들입니다. 성공할 때는 자신의 허물이나 죄악이 보이지 않습니다. 자신을 포장하기 쉽고, 정직하게 보지 못하는 경우가 많습니다. 그러나 어려운 시기를 지날 때에는 자신의 참 모습을 알게 됩니다. 우리 인생이 하나님의 은혜로 이루어진 것임을 발견하게 됩니다. 또한 그동안 잃어버렸던 감사를 찾을 수 있게 됩니다. 당연한 것으로 받고 감사 없이 살아왔던 것들이, 새삼 감사로 다가옵니다.

자신이 감당하지 못할 일을 만나거나 예기치 못한 상황에 놓이게 될 때, 먼저 머리를 스치고 지나가는 생각이 있습니다. "내가 하나님께 무엇을 잘못 살아왔을까?" 이 생각과 더불어 이런 저런 생각이 머리를 스쳐지나갑니다. 그리고 회개하기에 이릅니다. 찬송합니다. 우리에게 인생의 어려움을 통하여, 우리 자신을 정직하게 볼 수 있게 하신 하나님을 찬송합니다. "우리가 스스로 우리의 행위들을 조사하고 여호와께로 돌아가자(애3:40)."

산 위에서 우리는 환희로 물들지만, 골짜기에서 내 영혼은 씻겨 정결케 됩니다. 우리는 압니다. 언젠가 이 골짜기의 끝이 있다는 것을. 그러나 우리는 힘들어합니다. 이것이 나에게는 오늘이며 현실이기 때문입니다. 수고가 우리를 기쁘게 하는 것처럼, 골짜기의 아픔은 산 정상의 기쁨을 더하게 합니다.

그래도 주님을 가장 가까이 만날 수 있는 곳이 골짜기인 것은 너무나 분명합니다. 그래서 믿음의 사람들은 골짜기로 스스로 내려갑니다. 그것이 회개이며, 애통입니다. 이것을 잃으면 감사도, 기쁨도 없음을 알기 때문입니다.

골짜기를 지나는 여행자들이여! 힘들고 어렵더라도 고난을 고난으로만 만들지 않게 하십시오. 고난에서 잃어버렸던 믿음을 찾고, 잃어버린 감사를 찾고, 잃어버린 나의 정직함을 회복하십시오. 골짜기는 언젠가는 끝납니다. 골짜기를 지나 산 위에 올랐을 때, 지나온 시간들이 거름과 감사가 되게 하십시오.

|십자가 그 사랑|

　자신을 위해서는 모욕과 경멸과 조롱을 견딜 수 없으나, 자식을 위해서는 어떤 멸시와 천대도 견딜 수 있습니다. 자신의 잘못 때문에는 무릎을 꿇지 않아도, 자식이 한 잘못을 용서받기 위해서는 무릎을 꿇습니다. 자식을 키우는 데는 자존심도 걸림돌이 되지 않습니다. 자신과 아무런 관계도 없는 사람을 위해서 모욕이나 조롱을 받지는 않습니다. 더구나 죽을 수는 더욱 없습니다. 그러나 자식을 위해서는 모든 것이 가능합니다.

　예수님이 받은 그 조롱과 모욕과 경멸은 무엇을 의미할까요? 예수님은 우리를 위하여 이 모든 모욕을 당하시고, 결국에는 십자가에서 죽으셨습니다. 당신 자신의 문제였다고 한다면 하늘의 군대를 거느리고 이 땅을 멸하였을 것인데 그렇게 하시지 않았습니다. 구더기 같은 인생, 벌레 같은 인생을 위하여 오히려 죽으셨습니다.

"사람이 무엇이기에 주께서 그를 생각하시며 인자가 무엇이기에 주께서 그를 돌보시나이까(시8:4)" 여기에 대한 대답을 주님께서는 이렇게 하셨습니다. "너는 내 아들이라(롬9:26, 히1:5)."

그냥 부르기 좋으라고 우리를 아들이라 하지 않습니다. 우리는 참으로 하나님의 아들이요, 하나님은 참 아버지이십니다. 십자가는 우리가 하나님의 아들 됨을 가장 적나라하게 보여줍니다. 아들을 위하여 모욕당하시는 아버지의 모습을 성자 예수 그리스도를 통하여 우리에게 보여주십니다. 그러므로 십자가보다 우리를 더 겸손하게 만드는 것은 없습니다. 십자가를 볼 때마다 '사랑의 빚'진 자임을 깨닫습니다. 내 자랑하다가도 십자가를 보면 할 말이 없습니다. 오직 십자가만이 나의 자랑이 됩니다.

십자가 위에서 예수님은 실제적으로 죽으셨습니다. 이것은 하나님의 아들이 연약한 사람을 위하여 죽으신 낭만적인 사건이 아닙니다. 하나님께서 능력으로 아무런 고통 없이 우리의 문제를 해결하신 아름다운 사건도 아닙니다. 이것은 모욕과 경멸, 죽음의 공포와 고통, 살이 찢기는 아픔과 창에 찔리는 말할 수 없는 고통입니다. 십자가가 실제의 사건인 것처럼, 우리의 구원도 실제적인 사건입니다. 예수님의 십자가 사건이 역사적인 사건인 것처럼, 우리가 구원받은 사건도 역사적인 사건입니다. 예수님의 십자가가 모든 사람들과 하나님 앞에서 일어난 사건인 것처럼, 우리가 예수님의 십자가를 통하여 구원을 얻은 것도 사람들과 하나님 앞에서 일어난 실제적인 사건입니다. 이 십자가를 붙잡아야 합니다. 이 십자가가 현실이고 실재가 될 때, 우리의 구원도 현실이고 실재가 됩니다. 또한 하나님의 사랑이 우리에게 현실이 되어 나타납니다.

영적인 싸움을 싸우라

예수 그리스도를 믿을 때부터 우리는 영적 전쟁터로 보냄을 받았습니다. 마귀는 우는 사자와 같이 삼킬 자를 찾아(벧전5:8) 구원에서 넘어뜨립니다. 하나님의 아들이신 예수 그리스도를 시험한 마귀는 패배하고서도 '잠시 동안'만 예수님을 떠났습니다(눅4:13). 금방 다시 예수 그리스도의 구원 사역을 방해하고, 사람들을 조정하여 소요케 하고, 분쟁하게 하였습니다. 하물며 마귀가 하나님의 자녀를 내버려두겠습니까? 마귀는 끊임없이 우리를 그리스도의 사랑에서 끊어, 마귀의 자식이 되게 하려고 유혹하고 시험합니다.

우리는 하나님과의 관계에서는 자녀이지만, 마귀와의 관계에서는 원수가 된 것입니다. 그러므로 성도는 원하던 원하지 않던 영적 싸움터에 던져진 것입니다. 그러므로 주님은 우리에게 "믿음의 선한 싸움을 싸우라(딤전6:12)," "마귀를 대적하라(약4:7)" 명령하고, 우리는 "그리스도의 군사(딤후2:3)"라 말씀합니다.

아담과 하와가 에덴동산에 있을 때부터 마귀는 이간질하는 자로 우리에게서 하나님의 영광과 생명을 빼앗아가려고 유혹하던 자입니다. 지금도 역시 마귀는 구원 받은 성도들에게서 주께 받은 영원한 생명을 빼앗아가려고 우리를 속이고 유혹합니다.

예수님께서 마귀의 일을 멸하셨으니 우리는 싸울 필요가 없다고 말하는 분들이 있습니다. 그렇지 않습니다. 물론 예수님은 우리를 에덴동산의 상태로 회복시키셨습니다. 그러나 그 에덴동산에서도 마귀는 사람을 넘어뜨리려고 했다는 사실을 잊어서는 안됩니다. 마귀는 한 순간도 성도를 내버려두지 않습니다. 종종 영적 싸움을 하지 않고서 "나는 평안합니다"라고 말하는 분들이 있습니다. 그는 평안한 것이 아니라, 이미 영적 패배자가 된 것입니다. 영적 싸움을 하지 않는 것은 이미 마귀에게 항복한 것이요, 이미 마귀에게 속은 것입니다.

성도는 믿음을 지키기 위한, 하나님 나라의 확장을 위한, 생명의 충만을 얻기 위한 치열한 영적 싸움을 하여야 합니다. 치열한 싸움이 있을 때 우리는 더욱 거룩하여 가며, 하나님의 영광과 능력을 맛보며, 예수 그리스도께서 주신 구원의 기쁨을 마음껏 누리게 됩니다. 영적 싸움이 없다면 그 누리는 영광과 승리의 기쁨도 없습니다. 전쟁이 있어야 전리품이 있는 것처럼, 치열한 싸움을 싸울 때 더욱 거룩하여 가고, 더욱 간절하게 됩니다.

우리에게는 영원한 생명은 있으나, 영원한 나라는 아직 도달하지 않았습니다. 그때까지 우리가 가진 영원한 생명은 영적 싸움을 통하여 자라가고, 성숙해져 갑니다. 기도의 줄이 끊어지지 않도록, 믿음의 눈이 닫혀지지 않도록 깨어서 마귀를 대접하십시오. 우리의 믿음과 생명과 은혜를 빼앗기 위하여 한순간도 우리를 떠나지 않는 마귀를 대적하십시오. 영적인 싸움이 없으면 이미 영적으로 죽어가고 있는 것입니다. 주님께서 가라 하신 믿음의 길을 더욱 정결하고 더욱 뜨겁게 가는 치열한 영적 싸움을 싸우십시오. 주의 구원과 은사와 기쁨이 우리를 떠나지 아니할 것입니다.

침륜에 빠지지 마십시오. 우리 안에는 예수 그리스도의 구원과 생명이 있습니다. 능히 마귀를 이겨 승리할 수 있는 DNA가 있습니다.

|기도할 때 만나리라|

예수님 이 세상에 육신을 입고 사람으로 계실 때, 제자들은 예수님을 육체로 만났고 직접 대화하였습니다. 눈으로 보며, 귀로 들으며, 손으로 만지며 주님과 교제하였습니다. 예수님 옆에 있는 것 자체가 주님을 경험함이었습니다. 그러나 예수님이 십자가에서 죽으시고 부활하신 후에 승천하셔서 이제는 더 이상 그렇게 만날 수 없게 되었습니다.

예수님은 십자가를 지시기 전에 이미 이때를 위하여 다음과 같이 말씀하셨습니다.

"지금까지는 너희가 내 이름으로 아무 것도 구하지 아니하였으나 구하라 그리하면 받으리니 너희 기쁨이 충만하리라(요16:24)." 예수님이 육체로 제자들과 함께 있을 때에는 기도가 필요치 않았습니다. 대화가 필요했습니다. 배고프면 배고프다고, 힘들면 힘들다고 말하기만 하면 됩니다. 생활 자체가 '임재(Presence)'였습니다. 그러나 예수님이 그들 곁을 떠난 다음에는 상황이 달라집니다. 더 이상 주님의 얼굴을 볼 수도 없고, 손길을 느낄 수도 없고, 음성을 들을 수도 없습니다.

이때를 위하여 예수님은 약속하신 것입니다.

"이제까지는 나와 함께 있어서 무엇을 구할 필요가 없었다. 내가 다 채워주었기 때문이다. 이제는 내가 너희를 떠날 때가 되었다. 너희는 더 이상 육체의 음성을 듣지 못하며, 육체의 모습을 보지 못할 것이다. 그러나 염려하지 말라. 너희가 기도할 때에 내가 너희와 함께 있을 것이며, 너희를 들을 것이며, 너희에게 말할 것이다. 이제부터는 기도를 통하여 나를 만나게 될 것이다. 내 이름을 부르며 기도할 때에, 나는 너희와 함께 있을 것이다."

예수님의 이름으로 기도할 때에 예수님은 우리와 함께 계시며, 우리의 기도를 들으시며, 또한 말씀하십니다. 지금은 기도를 통하여 주님의 임재를 누리게 됩니다. 마치 집을 떠나는 부모가 자식에게 "내가 보고 싶거나 하고 싶은 이야기가 있을 때에는 이 전화번호로 전화해. 이제는 전화로 우리는 만나는 거야!"라고 말하는 것과 같습니다. 이제는 기도로 주님을 만나고, 기도로 소통하며, 기도로 채워주시고, 기도로 우리를 듣고, 기도로 인도하십니다. 그러므로 기도 없이는 주님과 어떤 소통도 없습니다.

기도보다 더 분명한 주님의 임재는 없습니다.

기도는 대상이 분명합니다.

바라보고 부르짖는 대상이 기도보다 분명한 것은 없습니다.

가장 강력한 주님의 임재는 기도에 있습니다.

기도할 때에는 제자들이 육체로 오신 예수님과 함께 있었던 것처럼 예수님을 만납니다.

기도하는 즐거움을 누리십시오.

항상 주님의 이름을 부르며 기도하십시오.

주님이 듣고 계시고, 응답하고 계십니다.

|죄의 능력|

죄는 얼마나 심각한 결과를 낳는 것일까요?

이 대답은 십자가 만큼입니다. 십자가는 당시 가장 잔인한 사형 방법입니다.

왜 예수님은 가장 잔인한 십자가형으로 돌아가셔야 했을까요? 그리고 왜 음부에까지 내려가셔야 했을까요?

그것이 죄인의 결국이기 때문입니다. 십자가는 우리에게 죄인의 결국이 어떠한지를 알게 합니다. 죄의 문제가 해결되지 않은 사람은 반드시 그 길을 가야합니다. 죄의 형벌로 그 고통을 받아야 합니다. 죄의 삯은 사망입니다(롬6:23). 죄는 그 대가를 지불하기 전에는 결코 사람을 떠나지 않습니다. 죄가 그 사람을 반드시 찾아냅니다(민32:23). 죄는 죄인을 놓치지 않습니다. 사람은 잊어버리지만 한번 태어난 죄는 그 죄가 나온 곳으로 반드시 찾아들어갑니다.

죄는 권세가 있어서 죄인을 종으로 삼아버립니다. 죄인이 되는 순간부터 죄에 종노릇하게 됩니다. "죄를 범하는 자마다 죄의 종이라(요8:34)." 주인이 종을 마음대로 부리는 것처럼, 죄는 죄인을 마음대로 부립니다. 죄가 사람의 마음에 휘두르는 채찍이 곧 두려움, 초조, 불안, 염려 등입니다. 죄인이 되는 순간부터, 죄가 주인이 되어 살아가게 되며, 어떤 자유도 없게 됩니다.

죄의 종이 된 사람이 자유인이 되려면 반드시 그 몸값을 지불해야 합니다. 그 몸값을 곧 대속물(ransom)이라고 합니다. 예수님께서는 그 죄인의 몸값을 해결하려고 오셨습니다. "인자의 온 것은… 자기 목숨을 많은 사람의 대속물로 주려 함이니라(막10:45)." 노예를 정당한 값에 사서 자유인으로 풀어주는 것처럼, 예수님은 우리를 정당한 값으로 사셔서 자유인이 되게 하셨습니다.

예수님의 십자가는 하나님께서 우리를 사신 값입니다. 예수님의 십자가에서 '신적 교환'이 일어난 것입니다. 하나님의 독생자이신 아들과 죄인이 맞교환 된 것입니다.

예수님이 십자가 위에서 "엘리 엘리 라마 사박다니(나의 하나님 나의 하나님 어찌하여 나를 버리셨나이까) (마27:46)"라고 고백한 것처럼, 하나님은 아들 예수 그리스도를 버리시고, 사람들을 택하신 것입니다. 이것이 우리를 향한 하나님의 사랑의 확증입니다(롬 5:8).

우리의 구원이 하나님께 대하여는 말할 수 없는 은혜입니다. 그러나 마귀와 죄와의 관계에서는 정당하게 담대히 말할 수 있는 합법적인 구원의 사건입니다. 정당한 죄의 대가를 지불하였으니, 마귀와 죄의 권리가 합법적이고 객관으로 사라진 것입니다. 그러므로 우리는 자유인이며, 하나님께로 돌아온 자녀입니다. 우리는 예수님의 생명만큼 귀하게 살아야 합니다. 예수님의 희생이 헛되지 않도록 살아야 합니다. 더 이상 죄인처럼 주눅 들어 살거나, 죄의 노예처럼 살아서는 안됩니다. 이제는 우리를 정죄할 근거가 사라졌으므로, 마귀도 우리를 정죄하지 못합니다. 오직 우리는 십자가 사랑에 매여 있습니다.

땅과 하늘 연결되다

  땅과 하늘은 연결되어 있습니다. 이 세상의 생활은 하나님 나라와 연결되어 있습니다. 이 땅에서 뿌린 것으로 하나님 나라에서 추수하여 살아갑니다. 그리스도인들 가운데서도 많은 분들이 이 부분에 오해를 합니다. 우리가 이 세상에서 어떻게 살아도 하나님 나라에 들어가기만 하면 되고, 그 후에는 모두 동일한 행복과 기쁨을 누릴 것이라고 생각합니다. 그러나 성경은 우리에게 그렇게 말씀하지 않습니다.

  이 땅에서 주께 드린 예물은 좀과 동록이 해하지 않는 하늘에 쌓아두는 것이라 하였고(마6:19-20), 충성하는 자에는 생명의 면류관을 약속하셨고(계2:10), 이 세상에서 장사하여 다섯 므나를 남긴 종은 다섯 고을 다스리는 권세를 주시고, 열 므나를 남긴 종은 열 고을 다스리는 권세를 주십니다(눅19:17,19).

예수 그리스도 안에서 잠자는 성도들은 수고와 헌신을 기쁨과 영광으로 알았습니다. 그들은 이 땅에서 썩어질 것으로 심고, 하나님 나라에서 썩지 아니할 것으로 다시 살아날 것을 믿었기 때문입니다(고전15:42). 성도가 되는 것도 중요하지만, '어떤 성도가 되느냐?'도 매우 중요합니다. 이 세상에서 예배와 기도와 순종의 생활을 하지 않은 분들이 하나님 나라에서 순교자의 삶을 살았던 성도들과 동일한 영광을 갖지는 않습니다. 또한 이 세상에서 자신의 모든 것을 오직 그리스도를 위해 살았던 성도가, 그러한 삶을 부끄럽게 여긴 사람과 동일한 그리스도의 위로와 권세를 갖지는 않습니다. 이 세상에서 하나님을 위하여 생활한 만큼에 비례하여 영광을 누리게 됩니다.

단테는 그의 작품 「신곡」에서 천국과 지옥이 각각 9개의 층으로 있다고 묘사합니다. 죄의 경중에 따라서 지옥에서 받는 형벌도 다르고, 또한 그리스도인들이 천국에서 누리는 영광도 다르다는 것을 보여줍니다. 그것이 정확하게 9개라고 성경은 말하지 않지만, 분명한 것은 이 땅에서 한 것에 따라서, 부활 이후에 받게 되는 영광과 형벌이 다르다는 것입니다. 다른 표현으로 말하면 천국에 들어가기만 하면 똑같은 영광을 누리고, 지옥에 가는 자가 모든 동일한 형벌에 들어가는 것이 아닙니다.

이 세상의 모든 생활은 하나님 나라에 씨를 뿌리는 것입니다. 기도 생활을 통하여 예수 그리스도께 익숙한 성도와 기도 생활 없는 성도의 영광이 다릅니다. 예배 생활을 통하여 하나님의 거룩함에 젖어 있는 성도와 거룩함에 익숙하지 않은 사람이 누리게 될 거룩함의 영광이 다릅니다. 오직 성령의 충만으로 살아 하나님께 산 제물이 된 그리스도인과 오직 자신의 소욕만을 좇아 살아온 사람이 누릴 면류관이 다릅니다.

우리에게 이 세상은 잠깐이요, 천국은 영원함입니다. 씨앗은 두가마이지만, 그 씨앗을 뿌려 추수하게 되는 열매는 수천 가마가 됩니다. 우리는 지금 씨앗을 뿌리고 있습니다. 추수는 천국에서 하는 것입니다. 이 땅에서 누리는 모든 축복도 모두 뿌리기 위한 씨앗입니다. 다른 사람보다 더 많은 재물이나 재능이나 건강을 가졌다면, 그것은 주님께 더 많이 뿌릴 수 있는 축복입니다. 그리스도 안에서 재물의 복은 더 많은 재물을 뿌릴 기회를 얻은 축복이요, 그리스도 안에서 높은 지위는 더 놀라운 하늘의 영광을 위해 더 봉사할 기회를 얻은 축복이요, 건강과 재능들도 모두 천국에서 얻게 될 영광을 위한 종자 씨앗입니다.

교회, 그리스도의 몸

말씀이신 주님이 육신을 입어 우리 가운데 오셨습니다. 육신은 말씀을 담아내는 그릇이 되어, 말씀의 능력과 사랑을 사람들에게 보여주셨습니다. 예수님의 몸은 보이지 않는 말씀의 구체성이 되었습니다. 들을 수 있고, 볼 수 있고, 만질 수 있는 분이 되셨습니다.

믿음에는 의미와 구체성이 다함께 있어야 합니다. 말씀이 의미라고 한다면, 몸은 구체성이라 할 수 있습니다. 마음이 의미라고 한다면, 말은 구체성이 됩니다. 마음으로 믿어 의에 이르고, 입으로 시인하여 구원에 이릅니다(롬10:10). 의미에 구체성이 더하여질 때, 실재가 됩니다.

교회는 예수님의 구체성입니다. 교회는 보이지 않는 주님이 보이는 주님이 되는 곳입니다. 성도는 교회를 섬기면서 주님을 섬깁니다. 몸인 교회를 섬기는 것은 머리이신 주님을 섬기는 것입니다. 주님을 사랑한다 하면서, 주님의 몸인 교회를 사랑하지 않는다면 그 믿음은 거짓입니다. 머리를 사랑하는 데 어찌 몸을 사랑하지 않겠습니까? 주님을 가까이 하고자 하는 성도는 교회를 가까이 하고, 주님을 봉사하고자 하는 성도는 교회를 봉사하고, 주님께 나아가고자 하는 성도는 교회를 자주 출입합니다. 교회는 예수님의 몸이며, 사랑의 표현입니다.

성령과 은혜로 충만한 성도는 교회를 가까이 합니다. 예수님을 더 가까이 느끼고 싶을 때, 우리는 다른 곳이 아니라 교회를 찾아갑니다. 예수님께 헌신하고자 할 때, 우리는 다른 곳이 아니라 주님의 몸인 교회를 찾아갑니다. 우리는 교회에서 성도가 되었고, 교회의 가르침을 받고 자라가고, 교회에서 주님을 예배하고, 교회에서 주님을 만나게 될 것입니다. 따라서 교회는 '성도의 어머니'라고 합니다.

교회는 성도들에게 주신 축복의 통로입니다. 주님의 위로와 능력을 만날 수 있고, 주님을 봉사할 수 있고, 그곳에서 흘러나온 말씀으로 힘을 얻고, 주님을 만나며, 천국에 대한 소망을 분명히 갖고, 믿음의 확신을 견고케 합니다. 교회의 문이 닫히지 않도록 해야 합니다. 교회의 출입이 끊어지면 성도의 축복의 문이 닫힙니다. 교회를 멀리하며 성령 충만한 성도를 우리는 상상할 수 없습니다. 교회를 멀리하며 주님께 충성하며 구원의 확신 안에 머무는 성도도 또한 상상할 수 없습니다. 교회를 가까이 하십시오. 교회를 자주 출입하십시오.

교회는 그리스도의 충만함입니다(엡1:23). 예수님의 구원과 능력과 사랑과 임재가 충만으로 나타난 곳이 곧 교회입니다. 모두가 용서 받을 수 있는 예수님의 사랑이 있고, 모든 성도가 넉넉히 천국 갈 수 있도록 하는 양식이 교회의 곳간에 풍성하게 있습니다.

교회 생활은 믿음의 구체성입니다. 주님을 사랑하는 마음은 교회를 봉사함을 가져야 온전한 믿음이 됩니다. 하나님 중심성은 교회의 예배에 참석함에 있습니다. 하나님이 나의 삶의 중심에 있다는 것은 '의미'입니다. 구체성은 교회의 공적 예배의 참석에 있습니다. 교회를 사랑하지 않는 것은 주님을 사랑하지 않는 것이며, 교회를 섬기고 봉사하지 않는 것은 주님을 섬기지 않는 것입니다.

순종과 회개

성경에서 우리에게 금하고 있는 율법은 우리의 실상과 너무 거리가 멀다는 생각이 듭니다. 더 나아가 예수님께서 우리에게 금하신 것은 더욱 철저하여, 율법을 지킬 수 있는 우리의 능력과는 너무나 동떨어져 있다는 느낌을 갖게 됩니다. 십계명만을 살펴도 그렇습니다. 간음하지 말라는 말씀을 예수님은 이렇게 해석합니다. "나는 너희에게 이르노니 여자를 보고 음욕을 품는 자마다 마음에 이미 간음하였느니라(마5:28)." 살인하지 말라는 말씀을 예수님은 더욱 철저하게 해석합니다. 형제에게 노하거나, 미련한 놈이라고 부르는 것도 이 계명을 어기는 것이라고 말씀합니다. 살다보면 분노가 일어나는 것을 어떻게 제어할 수 있으며, 무심코 형제들에게 멸시하는 말을 하는 것을 막을 수 있겠습니까? 너무나 현실과 동떨어지고, 실행할 수 없는 우리의 형편과 괴리되어 있다는 생각을 지울 수가 없습니다.

그러나 이렇게 생각하는 제 자신을 살펴보면서 깨닫는 것은, 제 자신이 얼마나 주님과 멀리 떨어져 있는지를 새삼 알게 되는 것입니다. 주님의 말씀이 우리의 현실과 멀어진 것이 아니라, 제 자신이 주님의 말씀과 너무나 멀어져 있습니다. 지금까지 수많은 믿음의 선배들은 성경 말씀 한 구절 한 구절을 지키기 위해 몸부림치며, 힘써 지켜 행하였습니다. 거룩한 생활은 전부는 아니지만, 성령님의 도우심으로 가능한 일로 받아들였습니다. 그리고 그렇게 살려고 몸부림쳤습니다. 그리고 거룩한 삶으로 나아갔습니다. 주님의 말씀을 권면으로 듣지 않고, 명령으로 받았습니다. 실현 가능한 말씀으로 지켜왔습니다.

말씀이 내게서 너무 멀리 있는 것이 아니라, 제가 말씀에서 너무 멀어져 있습니다. 그 말씀들이 남의 나라 이야기처럼 들리는 까닭이 무엇일까요? 마치 나에게 하신 말씀이 아닌 것처럼 받아들여지는 까닭은 무엇일까요? 제가 주님과 너무 멀리 떨어져, 세상에 너무 익숙해 있기 때문입니다. 죄에 너무 젖어 있어서 그렇습니다.

주님은 회개하는 자를 용서하십니다. 그러나 제가 하는 회개는 대부분 핑계일 뿐입니다. 회개는 치열하게 율법을 지켜 행하고, 주의 명령에 순종하는 자만이 할 수 있는 것입니다. 순종할 수 있는 일인데 순종하지 못한 것에 대해서 회개가 일어나는 것입니다. 그러나 제 회개의 많은 부분이 그렇지 않습니다. 그냥 그럭저럭 살다가 그것이 잘못이라는 마음에서 나오는 후회일 뿐인 경우가 너무 많습니다. 회개의 앞에는 항상 순종이 있습니다. 순종하려는 피와 땀이 있는 사람만이 참 회개를 할 수 있습니다.

주의 말씀의 첫 번째 의도는 '하라'는 '하는 것'이고, '하지 말라'는 '하지 않는 것'입니다. 지키는 자나 지키지 않는 자가 모두 일반이라는 뜻이 아닙니다. 힘써 지켜 행하고, 그렇지 못한 부분도 그냥 두지 말고, 회개로 거룩하게 하라는 말씀입니다.

"주여! 순종함의 수고 없이, 기꺼이 눈물의 회개로만 용서받으려고 했던 제 모습을 부끄러워합니다. 철저한 순종만이 참된 회개에 이르게 됨을 믿습니다. 지극히 작은 말씀 한 구절도 즐거이 순종할 수 있는 세밀한 믿음을 주소서!"

|성화|

성도들은 그리스도 안에서 자라갑니다. 그리스도의 장성한 분량의 충만한 데까지 성장합니다(엡4:13). 이것을 성화(聖化)라고 합니다. 구원 받은 성도는 성화되어 갑니다. 생명의 역사는 변화에 있으며, 그 결국은 거룩함에 있습니다.

성화는 자기 수련이 아닙니다. 마음을 훈련하는 것이 아닙니다. 종종 예수 믿는 것은 자기 수양하는 것으로 착각하는 분들이 있습니다. 내가 가지고 태어난 어떤 기질이나 마음도 거룩하게 바뀔 수 없습니다. 오랫동안 믿음 생활했다고 그 사람이 달라지는 것은 아닙니다. 다혈질은 다혈질로 남고, 우울질 기질은 우울질 기질로 남습니다. 조금 나아질 수는 있지만 모양만 바뀐 것뿐입니다. 분노를 극복한 사람 같지만, 그 사람의 인내의 역량을 넘어서는 일이 일어나면 안에 감추어져 있는 분노가 다시 치밀어 오릅니다.

저는 날마다 이러한 경험으로 힘들어 합니다. 화평이 이루어진 것 같았는데, 마음에서 갑자기 일어나는 불화로 그 화평이 일순간 깨어져 버리는 것을 너무나 자주 경험합니다. 불화가 사라진 것이 아니라, 보이지 않도록 잘 숨겨져 있었던 것입니다. 이 불화가 억눌리고 억눌러서 오랫동안 감추어 있으면, 마치 불화가 없는 것으로 착각합니다. 그리고 자신이 이제 이 문제를 극복한 줄로 착각합니다. 그렇지 않습니다. 내 의지로 억눌러 놓았을 뿐입니다. 내 인내의 울타리를 넘어 다시 치밀어 오를 때, 비로소 저는 알아차립니다. 하나도 없어지지 않고, 그동안 모든 것이 쌓여있었다는 것을…이전에 없어진 줄 알았던 불화까지 더불어서 올라옵니다.

성화는 이런 것이 아닙니다. 성화는 그리스도의 영에 정복되는 것입니다. 내게서 나오는 어떤 것도 거룩해질 수 없다는 것을 압니다. 성도는 성령께서 나를 주장하시는 순간만 거룩할 수 있고, 성령께서 주장하시는 것만 거룩할 수 있습니다. 주님께서 내 손을 놓고 나를 주장하시지 않는다면, 바로 그 순간 내속에 있는 모든 것들이 다시 나에게 왕 노릇합니다. 이전의 죄인 된 상태 그대로, 하나도 변하지 않은 그 상태로 돌아갑니다. 그러나 감사하게도 전혀 변화될 수도 없는 옛사람을 가지고 있지만, 성령께서 주장하시기만 하면 이런 사람도 거룩해집니다.

오직 주님께 붙들릴 때에만 거룩함을 알기 때문에, 저는 제 자신을 거룩하게 하기 위한 기도를 하지 않습니다. 어차피 옛 사람은 벗어버리고, 새 사람을 입어야 되기 때문입니다(엡4:22-24). 오직 기도하는 것은 성령님께서 저를 붙잡아달라는 것입니다. 성화는 내게 있는 것이 거룩하게 변화하는 것이 아닙니다. 오직 성화는 더 많이 주님께 항복하여 주님께서 나를 주장하도록 내어드리는 것입니다.

성령께 붙들리어 사는 삶을 추구합니다. 나의 악함과 불가능을 항상 인정합니다. 자기를 부인하는 것만이 성령을 의지함이요, 성령께 붙들려 사는 것만이 거룩함입니다. 주님께서 나를 주장하시는 순간만 거룩할 뿐입니다. 그러므로 더 많은 시간, 더 많은 공간을 주님께 내어드리는 것이 성화이며, 성화의 완성은 내가 완전히 죽고 그리스도께서 나를 전적으로 지탱하시는 것입니다.

성령 충만

분명 회개하고 예수님을 영접하였음에도 불구하고 우리 마음에
는 여전히 정욕이 왕 노릇할 때가 있고, 마귀의 시험에 넘어갈 때도
있습니다. 죄도 없고 유혹도 없는 생명을 주셨는데 무슨 까닭인지
여전히 마음에는 분요함이 있습니다. 거룩하고자 하는 열망은 있으
나, 거룩함의 능력은 없습니다. 예수 생명은 죄와 마귀의 권세를 이
기는 생명이었는데, 우리 안에 오신 예수님의 생명은 그렇지 못할
때가 많습니다.

우리가 육체를 입고 사는 동안 육의 정욕은 우리를 떠나지 않고,
우리가 천국에 들어가기 까지는 마귀가 우리를 유혹합니다. 육의
정욕이 없어지는 때는 육의 몸을 떠날 때이며, 마귀의 유혹이 사라
지는 것은 마귀가 무저갱에 감금될 때입니다. 우리가 이 세상에 사
는 동안 우리는 끊임없는 시험과 유혹을 만나는 까닭에, 우리는 영

적인 싸움을 싸웁니다. "마귀를 대적하라(약4:7)." "영혼을 거슬려 싸우는 육체의 정욕을 제어하라(벧전2:11)." 정욕도 없고, 마귀의 유혹도 없는 인생은 없습니다. 혹 누군가 그런 인생을 말한다면 그는 잘못 가르치는 것입니다. 우리에게 주신 인생은 이런 상황에서도 믿음으로 이기는 것입니다. 정욕이 없어 평안한 것이 아니라, 마귀가 없어 안전한 것이 아니라, 오직 주 예수 그리스도를 믿는 믿음으로 평안과 안전을 누리는 것입니다.

주님께서는 우리가 죄와 마귀를 이기는 방법을 말씀하셨습니다. 성령으로 충만하여 사는 것입니다. 내 안에 예수님의 영으로 충만하여 있을 때, 다른 것이 들어오지 못합니다. 내 생각에는 예수님의 생각으로, 내 감정에는 예수님으로 인한 감격과 기쁨으로, 내 소망에는 오직 천국에 대한 소망으로 충만할 때 다른 것이 들어올 틈이 없어집니다.

항상 주님으로 인한 기쁨이 충만하게 될 때, 다른 슬픔이 들어올 틈이 없어집니다. 범사가 주님을 향한 감사로 충만하게 될 때, 불평이 들어올 틈이 없어집니다. 쉼 없는 주님과의 교제로 충만할 때, 마귀의 속삭임이 들어올 틈이 없어집니다. 주님을 향한 감사와 감격과 기쁨이 없을 때는 언제나 마귀와 정욕이 우리 안에서 왕 노릇합니다. 어둠이 없는 세상을 꿈꾸는 대신에, 빛으로 충만하게 하십시오. 어둠이 들어올 틈이 없도록 빛으로 충만하십시오. 기쁨과 감사와 기도가 충만하여 다른 모든 어둠을 넉넉히 이길 수 있도록, 덮어버릴 수 있도록 하십시오.

　　오직 성령 충만할 때에만 우리는 이기는 자로 살아갑니다. 십자가란 자신의 어떤 것도 영적 승리가 될 수 없다는 것을 인정하고, 오직 예수님으로만 충만하여 살아가는 것입니다. 충만하지 않으면 반드시 다른 것으로 채워집니다. 채워진 그릇에는 다른 것이 들어오지 않습니다. 성령으로 늘 충만하여 사는 삶에는 부정한 것이 들어오지 않습니다. 면역력이 강한 사람에게는 세균이 침투해 들어오지 못합니다. 성령의 충만함, 이것이 영적 승리의 방법입니다.

나를 만드시는 하나님

물질을 주시는 것도, 건강을 주시는 것도, 명예를 주시는 것도 모두 다 '나'를 만드시기 위한 방편일 뿐입니다. 내가 만들어지지 않고 물질만을 관리하거나 건강만을 유지하거나 명예롭기만 하다면 그것은 나를 오히려 거짓되게만 할 뿐입니다. 물질도 사라지고, 건강도 떠나가고, 명예도 사그라집니다. 오직 남는 것은 '나' 밖에 없습니다.

겨울도 지나가고 봄도 지나가고 여름과 가을도 다 지나갑니다. 여전히 남아 있는 것은 그 자리에 서 있는 나무입니다. 겨울이 되었다고 뿌리를 내리지 않거나, 화창한 봄날이 되었다고 나태하거나, 무더운 더위 때문에 준비하지 않거나, 풍성한 가을 때문에 나를 채우지 못하게 된다면 내 속은 점점 비어져 갑니다. 결국 '나'는 사라지고 계절만 남아 있을 것입니다.

겨울에는 '나'를 강건하게 하고, 봄에는 '나'를 더욱 활기차게 하고, 여름에는 더욱 '나'를 무성하게 하고, 가을에는 '내가' 더욱 무르익게 하십시오. 내가 만들어지면 나는 사시사철 행복하게 살 것입니다. 내가 만들어지지 않으면 매번 같은 아픔과 빈곤을 겪어야 합니다.

물질을 경영하지 마십시오. 건강을 관리하지 마십시오. 명예를 유지하려고 하지 마십시오. '나'를 경영하고 관리하고 유지하십시오. 남는 건 '나'밖에 없습니다. 나를 만드는 사람은 무엇 때문에 교만해지지 않습니다. 가지면 감사하고, 떠나가면 더욱 겸손해집니다. 반면 내가 만들어지지 않으면 가지면 교만해지고, 떠나가면 비참해집니다.

소유는 사라지고 존재만 남습니다. 소유는 많고 적음과는 상관없이 존재를 키우는 선생입니다. 때로는 많이 채워서 나의 진실됨을 시험하고, 때로는 홀쩍 떠나서 인내를 시험합니다. 미련한 사람은 좋은 선생을 만난 것으로만 기뻐하다가 자기를 세울 기회를 잃기도 합니다. 지혜로운 사람은 미천한 선생을 만난 것으로도 감사하다가 스스로 선생이 되기도 합니다.

주시는 분도 하나님이시고, 가져가시는 분도 하나님이십니다. 있음과 없음을 통하여 하나님은 우리를 만들어 가십니다. 있음과 없음에 흔들림 없는 사람으로 만들어 가십니다. 좌로도 우로도 치우

치지 아니하는 '사람'으로 우리를 만들어 가십니다. 믿음의 성숙이
란 이것입니다. 무엇의 있고 없음에 따라 흔들리지 아니하는 사람,
있고 없음 모두를 사랑할 수 있는 사람, 밤과 낮에 모두 찬양할 수
있는 사람이 되는 것입니다. 자신이 찬양이기에 모든 것을 찬양할
수 있고, 자신이 빛이기 때문에 모든 것을 감사할 수 있고, 자신이
사랑이기 때문에 모든 것을 사랑할 수 있는 사람이 되는 것입니다.
이 사람은 세상의 주인으로 온 사람이며, 하나님의 아들로 살아가
는 사람입니다. 자신이 삶의 주도권을 가지고 살아가는 사람이며,
세상의 모든 것을 다스리는 아담입니다.

십자가 예배 경험

  십자가 경험은 예수님의 죽음을 자신의 죽음으로 경험하는 것입니다. 이 십자가 경험은 예배를 통하여 우리에게 주시는 은혜입니다. 구약의 성도는 제사를 통하여 십자가를 경험하였고, 신약의 성도는 예배를 통하여 십자가를 경험합니다.

  백성이 제사를 드리기 위해 양이나 염소를 제사장에게 가져와 넘겨줍니다. 제사장은 그 양을 죽이고, 피를 쏟고, 껍질을 벗기고, 부위별로 나누고, 그 안에 있는 배설물들을 제하고, 각을 뜨고, 피 중의 일부를 번제단 사면 뿔에 바르고, 고기를 불태워드립니다. 이 모든 일련의 과정은 많은 시간이 요구되며, 이 제사를 집례하는 동안 제물을 드린 백성은 그것을 지켜봅니다. 다 지켜본 후에 성전 남쪽 문으로 들어온 백성은 북쪽 문으로 나가고, 북쪽 문으로 들어온 백성은 남쪽 문으로 나갑니다(겔46장).

그것을 지켜보면서 자신의 죽음을 경험합니다. 피가 쏟아지는 양을 보고, 그 피 냄새를 맡아보고, 죽어가며 부들부들 떨고 있는 그 양을 보며, 그 양이 신음하는 소리를 듣고, 얼굴이 일그러지고 살점이 찢겨지고, 뼈들이 분리되고 설점들이 각이 뜨여지는 비참한 죽음의 모습을 보고, 번제단에 올라가 태워지는 죽음의 냄새, 마침내 다 태워져 한 줌의 재로 돌아가버려 어디에서도 그 모습을 찾을 수 없는 제사의 과정을 지켜봅니다. 양이 죽는 것이 아니라, 자신이 정말로 죽어가는 것을 경험합니다. 이것이 제사 경험입니다. 그리고 다른 삶의 문으로 나아가는 것입니다.

예배는 예수님의 십자가 죽음을 처음부터 끝까지 경험합니다. 믿음으로 죽어가는 과정을 봅니다. 머리에서 흘러 내려 눈을 가리는 피를 보고, 죽음 앞에서 부들부들 떨고 있는 온 몸을 붙잡고, 쏟아지는 피를 자기 손을 받아내고, 피가 말라 점점 시들어가는 생명의 불꽃을 지켜보고, 모든 신경이 마비되어 마지막 육체의 생명이 사그라지는 것을 봅니다. 예배자는 예배를 통하여 예수님의 죽음을 나의 죽음으로 경험합니다. 자신이 대수롭지 않게 여기고 지었던 죄가 얼마나 심각한 결과를 가져오는지, 주님의 희생이 몇 마디의 말이 아니라 인생의 모든 고통과 불안과 두려움을 몸으로 받아내신 구체적인 실행이었음을 믿음으로 경험합니다. 이때 비로소 예배자는 다른 문으로 나아갈 용기와 믿음을 갖게 됩니다. 들어온 문으로는 도저히 갈 수 없습니다. 다시 그 자리로 갈 수 없습니다. 다른 문으로 나아갑니다. 옛 사람을 벗어버리고 새 사람으로 나아갑니다 (엡4:22-24).

죄인은 제사를 드려야 의인이 되고, 그리스도인은 예배를 드려야 새로운 삶을 살게 됩니다. "내가 그리스도와 함께 십자가에 못 박혔나니 그런즉 이제는 내가 사는 것이 아니요 오직 내 안에 그리스도께서 사시는 것이라 이제 내가 육체 가운데 사는 것은 나를 사랑하사 나를 위하여 자기 자신을 버리신 하나님의 아들을 믿는 믿음 안에서 사는 것이라(갈2:20)."

그리스도인의 믿음은 연합시키는 힘입니다. 예수님과 나를 연합 시키는 힘입니다. 하나가 되어 죽음을 경험하고, 하나가 되어 부활을 경험합니다. 이것이 곧 예배를 통하여 실재가 됩니다. 예배는 옛 사람의 죽음이요, 새 사람의 부활입니다.

잊어버립니다

　구제할 때에 오른손의 하는 것을 왼손이 모르게 해야 합니다(마 6:3). 선행은 은밀하게 할 때 내적인 기쁨이 더욱 큽니다. 사람에게 칭찬 받지 아니함으로 인하여 하나님께 상을 받습니다. 더 나아가 자신이 한 선행은 하고 나서 즉시 잊어야 합니다. 그렇지 않으면 자기 공로에 빠져 교만하게 됩니다.

　우리가 죄에서 구원 받아 하나님의 자녀가 된 것이 우리의 행위에 있지 아니하고 오직 예수 그리스도 십자가 은혜에 있게 하신 까닭은, 아무도 자랑치 못하게 하기 위함입니다(엡2:8-9). 구원 받기 위해서 내가 한 것이 없으니 자랑할 수가 없습니다. 그러니 모든 것이 감사요 기쁨입니다. 오직 은혜만이 감사를 가져옵니다. 나에게 아무런 자랑이 없으니, 감사가 넘칩니다. 내가 죄인이 되면 감사가 넘칩니다. 내가 가난한 자가 되면 모든 것이 감사입니다.

사랑하는 사람에게는 언제나 미안한 마음을 갖습니다. 그러나 사랑이 식으면 섭섭한 마음이 금방 찾아들어옵니다. 아내나 자식을 볼 때마다 미안한 마음이 있습니다. 가족을 위해서 희생한 것이 너무나 없기 때문입니다. 그러나 때로는 섭섭할 때도 불평할 때도 있습니다. 사랑이 식으면 즉시 내가 가정을 위해서 희생했던 일들이 기억이 나면서 섭섭한 마음을 갖게 됩니다.

주님을 사랑하는 사람은 언제나 미안한 마음을 갖습니다. 자신이 주님을 위해서 한 것이 없기 때문입니다. 주님의 은혜에 합당하게 살지 못한 것밖에 생각나지 않습니다. 그러나 사랑이 식고 은혜가 떠나가면 즉시 교만이 찾아옵니다. 교만은 제가 그동안 마치 주님을 위해서 대단한 것이나 한 것처럼 '자기 義(의)'를 생각나게 합니다. 자랑할 것들을 떠올립니다. 우리는 우리의 죄뿐만 아니라 자랑도 십자가에 못 박아야 합니다. 매일 못 박아야 합니다. 잊어야 합니다. 우리가 교회나 이웃을 위해서 혹 무엇인가 부스러기 같은 선행이라도 했다면 즉시 잊어야 합니다. 이것이 우리의 자랑이 되지 않도록 잊어야 합니다. 이것이 우리의 교만이 되어 감사와 기쁨을 빼앗지 않도록 즉시 잊어야 합니다.

얼굴은 거울을 보고 씻고 꾸밉니다. 마음은 하나님의 말씀을 보고 씻고 꾸밉니다. 하나님 말씀인 성경은 마음의 거울입니다. 마음의 거울을 대하지 않으면 자신을 보지 못합니다. 자기 의에 중독되어 교만하고 감사를 잃습니다. 그러나 성경을 통하여 나의 죄를 살피고, 조사하고, 발견합니다. 이때 비로소 예수님의 보혈을 구합니다. 성경 말씀은 우리에게 언제나 미안한 마음을 줍니다. 더욱 주님을 의지하도록 합니다. 더욱 감사가 넘치게 합니다. 내가 한 것이 아니라, 모든 것이 하나님의 은혜임을 깨닫게 합니다.

"주님! 제가 주님을 위해 한 것이 너무나 없습니다. 받은 은혜는 많으나 주께 드린 것이 없고, 순종함이 너무나 없습니다." 주님께 한 헌신이 자랑의 걸림돌이 되지 않도록 잊어야 합니다. 잊으십시오! 감사가 넘칩니다. 잊으십시오! 더욱 기도하게 됩니다. 말씀으로 자신을 살피십시오. 조사하십시오. 그리고 더욱 주님을 구하십시오.

십자가를 흔들지 말라

사도 바울이 치열하게 싸웠던 율법주의는 무엇이 문제일까요? 율법을 지키는 것은 성도의 마땅한 도리입니다. 예수님도 율법을 완전케 하셨습니다(마5:17). 율법주의의 문제는 율법을 행하고, 그 것을 자신의 의로움으로 생각하는 것입니다. 율법을 구원의 조건 으로 생각하며, 그 율법을 행함이 사람에게 자랑이 되거나 '자기 義 (의)'가 되는 것입니다.

율법주의에 빠지는 까닭은 구원에 대한 확신이 없기 때문입니다. 예수님의 십자가가 자신의 구원에 충분하지 않다고 여기기 때문에 다른 義를 채우려고 하는 것입니다. 이것이 함정입니다. 예수님의 십자가 은혜만으로도 구원 받을 수 있으며, 행복할 수 있으며, 자족 할 수 있다고 믿는 사람은 다른 義가 더 이상 필요치 않습니다. 예 수 그리스도께서 십자가에서 흘리신 보혈이면 됩니다.

율법주의는 우리 안에 주신 십자가를 흔드는 것이며, 뽑아내는 것입니다. 혹 자신의 선행을 자랑하거나, 그것을 자신의 의로 여긴다면 그는 스스로 십자가가 무엇인가 부족하다고 시인하는 것과 같은 것입니다. 사도 바울은 은밀하게 들어온 '자기 義'가 십자가를 흔들어 무력하게 만들 위험이 있기 때문에, 처음부터 철저하게 자신의 공로를 대적합니다. 조금이라도 예수님의 십자가에 자기 의를 섞지 않으려고 합니다. 그것이 곧 믿음입니다.

"오직 예수 공로 의지하여 항상 빛을 보도다." 우리는 예수님을 100%로 붙잡아야 합니다. 여기에 나의 의가 조금이라도, 0.0001%라도 섞이게 되면 예수님의 보혈은 완전하지 않습니다. 예수님의 피는 완전합니다. 어떤 도움 없이도 나를 구원하기에 부족함이 없습니다.

우리가 행하는 어떤 선행이나 공로도 우리를 구원하는데 유익하지 않습니다. 우리의 구원은 오직 예수님이 십자가에서 흘리신 보혈의 공로로 주어진 하나님의 선물입니다. 이 보혈의 공로에 나의 의를 섞으면 이미 그 보혈은 주님이 흘리신 순전한 보혈이 아닙니다. 구원은 오직 믿음으로 받습니다. 오직 하나님의 義이신 예수 그리스도로 받습니다. 나의 공로와 선행은 '사람의 의'요, 예수님이 흘리신 보혈의 공로는 '하나님의 의'가 됩니다. 하나님의 의이신 예수님께 어떤 것도 섞이지 않아야 합니다. 흠 없고 순전한 어린양의

피, 곧 사람의 어떤 것도 섞이지 않은 순전한 피만이 나의 구원의
근거가 됩니다.

십자가를 흔들거나 뽑지 마십시오. 내게 어떤 자랑이 있거나, 공
로의식이 있다면 그것은 십자가를 흔드는 것입니다. 십자가 외에
의지하는 모든 것을 버리십시오. 그것이 아무리 거룩한 일이라 할
지라도 버리십시오. 오직 십자가 은혜, 하나님께서 은혜로만 구원
하시는 그 능력을 의지하십시오. 이것이 진정한 복음입니다.

|하나님과 씨름하는 사람|

야곱은 얍복강에서 이스라엘이 되기 전까지 사람과 씨름하였습니다. 모든 수단과 방법을 동원하여 사람과 경쟁하였습니다. 그 결과는 언제나 사람들과 헤어짐이었고, 아픔이었습니다. 하나님의 은혜로 이기기는 하였으나, 부모님과도 헤어졌고, 형에게는 미움을 받고, 외삼촌에게서도 미움을 받았습니다. 부모님의 축복도 받았고, 외삼촌 집에서 부자는 되었습니다. 그러나 그의 심령은 불편하였습니다. 마침내 얍복강에서 그는 새로운 차원의 삶을 시작합니다. 하나님과 씨름하는 사람이 됩니다. 그는 이제 사람을 대면하여 문제를 푸는 대신에 하나님을 대면하여 문제를 풀기 시작합니다. 그리고 그는 하나님과 겨루어 이긴 자, 이스라엘이 되었습니다. 이후에도 딸 디나가 곤욕을 치르고, 그 복수를 했던 아들들에 의해서 위기를 만나기도 하지만, 그는 이 문제를 가지고 벧엘로 올라갑니다. 하나님 앞에서 해결하는 사람이 된 것입니다.

　성도는 하나님과 씨름하여야 합니다. 문제가 있다면 하나님께 가지고 나아가 기도하며 풀어야 합니다. 기도 없이 풀면, 문제가 해결된 뒤에도 여전히 아픔과 헤어짐만 남습니다. 사람을 대하면 변명하기 쉽고, 피할 방법을 찾기 쉽습니다. 하나님을 찾으면 정직해지고, 그 문제를 대면할 용기와 지혜를 갖게 됩니다. 문제가 해결되더라도 사람을 잃지 않습니다. 화평과 은혜를 부산물로 갖습니다.

　모세는 힘든 일이 있을 때 사람들과 다투지 않았고, 변명하려고도 하지 않았습니다. 그는 그냥 하나님께 엎드렸습니다. 그는 오직 하나님과의 관계에서 문제를 풀었습니다. 불평하는 사람들을 설득하려고 하는 대신에 하나님의 은혜를 구하였습니다.

　성도는 큰 싸움을 싸워야 합니다. 작은 싸움은 자신의 감정을 지키거나, 자존심을 지키거나, 자신의 보잘 것 없는 명예나 지식을 지키기 위해서 싸우는 것입니다. 이러한 작은 싸움은 너무나 초라하고 이기고 난 후에도 자신의 비참함만 발견할 뿐입니다. 우리가 마음에 상처 받았다고 하는 대부분의 일들이 이러한 작은 싸움에서 나오는 것들이라면 우리는 참으로 불쌍한 사람입니다.

　말씀에 순종하기 위한 싸움, 주의 부르심에 합당하게 자신을 포기하기 위한 싸움, 믿음을 지키기 위한 싸움, 마음을 지키기 위한 싸움을 싸워야 합니다. 사람과 상대하는 것이 아니라 마귀를 대적하는 것입니다. 이것이 큰 싸움입니다. 이것이 의로운 싸움입니다. 하나님과 씨름하는 것입니다.

선교사님 한 분이 선교지에서 자신의 비참함을 느끼는 때가 있었다고 합니다. 그것은 선교하다 지친 모습이 아니라, 초라한 밥상 앞에서 불평하는 마음을 갖고 있는 자신을 발견할 때였다고 합니다. 선교를 하다가 받게 되는 핍박이나 조롱은 심령의 기쁨이 되는데, 밥상 앞에서 나오는 불평은 자신을 더욱 초라하게 만들 뿐이었다고 합니다. 얼마나 정직한 고백입니까?

성도는 큰 싸움을 싸워야 합니다. 그때 누군가에게 상처 받는 일이 끝이 납니다. 또한 자신의 비참한 승리도 끝이 납니다. 피투성이라도 감사하고 찬송할 수 있는 것은 큰 싸움입니다. 하나님과 대면하여 살아야 합니다. 하나님과 씨름해야 합니다. 힘든 일이 있으면, 곤란한 일을 만나면 모세처럼 하나님께 엎드려야 합니다. 그리고 하나님의 의를 구해야 합니다.

하고 싶은 것 참을 때

　힘든 시기를 지나며 모든 불평 다 하고, 평안한 시기를 지나며 하고 싶은 모든 것 다 하면 나중에 무슨 자랑이 있겠습니까? 사람들은 하고 싶은 것 다 하고 사는 것이 행복이라고 말합니다. 그렇지 않습니다. 그것은 이기적인 것입니다. 과거를 돌아볼 때마다 부끄러움밖에 남지 않습니다. 행복이란 지금의 즐거움뿐만 아니라, 영원한 기쁨으로 남아야 합니다.

　하나님께서는 제게 참으로 좋은 분들을 보내주셔서 함께 교회를 세워가고 있습니다. 교회 개척 초기에는 모든 것이 부족하고 불편하였습니다. 때가 되어 더 교회 식구들이 많아지고, 교회 건물도 건축하였습니다. 그 모든 시기를 불평과 원망 없이 헌신하신 성도들은 얼마나 기쁜 마음으로 새로 지은 예배당에 들어왔는지 모릅니다. 함께 고생하고, 불평과 원망을 참아낸 만큼 기쁨과 감격은 더

컸습니다. 혹 그 시기에 불평하고 원망했더라면, 교회의 부흥에 걸림돌 역할을 했더라면, 그 축복의 날이 오히려 부끄러운 날이 되었을 것입니다.

천석군(天石君)은 천 가지 걱정, 만석군(萬石君)은 만 가지 걱정입니다. 교회가 부흥할수록 불평한 것은 더 많고, 돌아보아야 할 일은 더 많아집니다. 세상에 내가 원하는 모든 것을 갖추고 있는 곳은 없습니다. 그렇게 완전한 가정도 없고, 그렇게 완전한 교회도 없습니다. 완전한 가정과 교회는 세워가는 것입니다. 돌아볼 때마다 가정과 교회가 자랑이 되려면, 자신이 하고 싶은 말 다하지 않고 참으며, 하고 싶은 것 다하지 않고 절제하며 인내하면서 섬길 때, 후에 가정과 교회는 나의 가장 큰 자랑이 됩니다.

후에 누군가 우리에게 "당신은 정말로 행복하고 좋은 교회에 다니고 있군요!"라고 말할 때, 그 말이 우리를 부끄럽게 하는 말이 되지 않기를 바랍니다. 교회의 어려움을 함께 하지 못하고, 오히려 나그네처럼 불평하였던 모습 때문에 부끄러워하지 않기를 바랍니다. 그분에게 "예, 저는 교회가 어려운 시기를 지날 때에도 행복했습니다"라고 말할 수 있는 교회 생활이 되기를 바랍니다.

순종하기 어려울 때 하는 순종이 귀한 것입니다. 불평하기 쉽고 감사가 어려울 때 감사하는 것이 귀한 것입니다. 지금 이 시기가 후에 우리의 자랑이 되도록 하십시오. 지금 가정이 어려워도 인내하고 기도하며 극복하십시오. 그때 가정이 면류관이 됩니다. 지금 힘들다고 가정을 떠나거나 원망한다면 후에 자녀들에게 어떻게 가정은 인내하며 지킬 가치가 있는 것이라고 말할 수 있겠습니까? 참는 만큼 자랑이며, 절제하는 만큼 감사가 되어 돌아옵니다.

　내 눈물이 배어 있는 가정이 소중하고, 내 수고가 쌓여있는 교회가 소중합니다. 오늘 부족한 가정과 교회는 내일 나의 자랑이 되어 고백될 것입니다.

|걸어갈 길|

말씀을 읽습니다. 그곳에서 제가 걸어가야 할 길을 찾기 위해서입니다. 기도합니다. 제가 길을 잃거나 멈추어 서지 않기 위해서입니다. 혹 제가 하나님께 순종하지 않고도 잘 살 수 있는 길을 찾으려고 한다면 말씀을 읽거나 들을 필요가 없습니다. 어차피 내가 원하는 곳으로 가려고 한다면 하나님의 뜻을 물어볼 필요가 없습니다. 기도와 말씀을 통하여 주님의 길을 찾아서 그 길을 묵묵히 걸어가는 것이 곧 믿음입니다.

예수님께서는 우리에게 아버지 하나님에 대한 절대적인 신뢰를 가르쳐주셨습니다. 먹을 양식이 없어도, 머리 둘 한 평의 땅이 없어도 하나님께서 당신에게 행하시는 모든 일을 믿음으로 받아들이고, 여전히 하나님을 신뢰하는 것을 보여주셨습니다. 예수님은 큰 능력을 가지고 일하시지 않았습니다. 예수님께서 절대적으로 아버지의 도우심을 신뢰하고 행하실 때에, 하나님의 능력이 예수님께 나타난 것입니다. 다른 말로 하자면, 아버지에 대한 절대적인 신뢰가 예수님이 하나님의 능력을 맛보며 살게 하신 것입니다. 힘들고 어려워도 여전히 '하나님'을 믿습니다.

따르기 쉬워서 말씀을 순종하고, 지키기 힘들어서 말씀을 버린다면, 그것은 자신의 길을 가는 사람이지 말씀을 걸어가는 성도가 아닙니다. 사람은 쉬운 길을 찾지만, 하나님께서는 '바른 길'을 보여주십니다. 힘들고 어려워도 그 길이 주님의 원하시는 길이므로, 그 길을 포기하지 않고 걸어가는 것입니다. 그러니 영리한 사람이 예수님을 믿는다는 것은 쉬운 일이 아닙니다. 예수님과 끝까지 함께 갔던 제자들은 세상적으로 미련한 사람들이었습니다. 그러나 그 미련함이 하나님의 생명과 영광을 붙잡게 하였습니다.

말씀에 순종하지 않고도 복 받을 길을 찾고, 주님을 따라가지도 않고 천국에 이르기를 바라고, 기도하지 않고도 응답 받기를 바라는 것은 예수님을 따라가는 것이 아니라, 피해가는 것입니다. 예수님은 우리에게 "왜 그렇게 해야 합니까?"에 대한 대답을 주시지 않습니다. 우리를 설득하려고도 하지 않습니다. 오직 믿고 따라오라고만 말씀합니다. 제자는 선생님을 이해하고 따라가는 것이 아니라, 믿고 따라갑니다. 그때 자기 생각을 뛰어넘게 되는 일을 만납니다.

아브라함이 믿음의 조상이 될 때까지, 야곱이 기도의 사람이 될 때까지, 모세가 온유한 사람이 될 때까지, 하나님께서는 그냥 그들에게 설명없이 행하셨습니다. 그들이 하나님의 목적하신 바를 얻을 수 있었던 것은 하나님을 믿고 끝까지 따라갔기 때문입니다.

"언제나 주님의 말씀이 옳습니다." "주의 말씀대로 사는 것이 가장 행복한 길입니다." "이해할 수 없어도, 하나님을 여전히 믿습니다." 그리고 그 말씀을 길로 걸어갑니다.